陈积芳 / 主编

科普新知

老年健康生活丛书（第一辑）

荆帅 / 编著

上海科学普及出版社

老年健康生活丛书编辑委员会

主　　编　陈积芳
副 主 编　郁增荣
秘 书 长　金　强
编辑委员（以姓名笔画为序）
　　　　　　刘铭君　江世亮　孙建琴　娄志刚　蒋惠雍

科普新知

编　　著　荆　帅

序 言

岁月流逝如滔滔江水,从朗朗童声和青春风茂之美好年代,转眼进入雪鬓霜鬟、步履蹒跚的老年。今天的老年人,为建设城市与家园付出了辛勤的劳动,理应健康安享晚年。每位经历人生光阴似箭的朋友,你感慨当今的变化吗?你珍惜眼前的生活吗?你回想过往的岁月吗?当你感到生命的航船可以平稳舒适地驶入又一番风景的港湾中,当你品味美好晚景夕阳红满天时,会有更多新的需要,新的念想。你想学习,可能会遇上陌生的问题;你也许会忧虑,因为你已展开又一个生命的重要阶段——老年。

上海这样一座2 400万人口的国际大都市,富有创新活力和文化底蕴。由于生活水平提高,医疗资源相对丰富,人均寿命增长,老龄化深度发展。60岁以上的老年人已达到33.2%,百岁老人占比达7.8‰,上海已进入国际标准的长寿城市。平均寿命达83岁,在国内仅次于香港。老年群体的各种需求势必越来越多,这是客观的存在。

正如老百姓说的俗语:金山银山不如健康是靠山。幸福的晚年生活,健康是第一条。而健康是老年人面对的最基本的大事,涉及老年阶段方方面面的综合知识、生活方式以及社会服务。比如，发达国家研究长寿课题并得出的结论，第一条就是晚年要有较好的社会交往活动，水、空气、睡眠和营养是基础保障，和谐适当的社会交际活动才是老年人生得以有内在动力的根本保障。因而唱歌跳舞、学用智能手机、旅游观光、含饴弄孙、莳花弄草、书法收藏、摄影交流、散步疾走等文娱活动，都是对老年健康有益的。

随着互联网科技的迅速发展和移动通信的广泛使用，老年人想要跟上形势，学习新技能。如熟练使用智能手机，学会网上支付水电费、买快餐、订电影票、购买日用品等。

老年人饮食营养的保证很重要，易吸收的优质蛋白质、不饱和脂肪、新鲜蔬果中的维生素纤维素、转化能量的碳水化合物等，均要安排得当，科学合理饮食。这也是防治老年代谢病的重要措施。正所谓：管住你的嘴，学问真不少。

老年人的生命活动逐渐衰弱，有一些疾病"找上门来"也属正常，医疗与护理及保养都很重要。血压、血糖、尿酸指标，要了解这些基本常识，学习自我保健知识，建立健康管理理念。

说到老有所学，日新月异的科技创新的成就，也是老年群体所关注的。比如中国空间站将在太空的遨游，彩虹号深海潜水器，大口径射电望远镜，北斗卫星体系组成通信网络，5G信息科技传播的先进标准，量子通讯的安全原理，石墨烯材料充电新技术等，普通市民关心这些话题；老年人群，尤其是有深层次精神文化需求的老年人更是愿意与时俱进地学习。保持学习新知的好奇心，是心态年轻的标志。

更广义地讲,老龄产业是黄金产业。服务软件、营养饮食、老年教学、文化娱乐、康复辅具等方方面面,与老年人福祉相关的各类产品的设计与生产,急需资金和研发,并加以推广。

夕阳无限好,只是近黄昏。年老之人应修悟宁静淡泊的心态,保持慢节奏的生活姿态,从容不迫、优雅舒坦地过好当下的每一天。这需要有平衡的心理与情绪,预防可能发生的忧郁或焦虑的心理疾病。步入老年阶段,坦然面对衰老,平安幸福地过好晚年生活,我们每一位老者都准备好了吗?

为了关爱老年读者群体的精神文化生活,为他们提供更为广阔的视角和思考空间,乐享健康,乐享生活,智慧养老,科学养老,上海科学普及出版社精心策划了"老年健康生活丛书"。邀请各领域富有经验的专家学者为老年读者精心打造,第一辑推出《阳光心态》《经络养生》《健康管理》《老少同乐》《智能生活》《家庭园艺》《法律维权》《旅游英语》《科普新知》《智慧理财》共十种,涉及老年人群重点关注的养生保健、心理健康、法律法规、代际沟通、社会交往等主题,精心布局,反复研讨,集思广益,从老年读者的视角,以实际生活为内容支撑,通俗易懂,图文并茂。可以相信,"老年健康生活丛书"一定能服务于上海乃至全国的老年群体,发挥积极的科普和文化传播作用,为促进国家老年教育、老龄事业的发展做出应有的贡献。

陈积芳

2018年8月

第一篇　解锁密码

基因测序 / 3
细胞图谱 / 12
合成生物学 / 20
3D打印 / 30
瘫痪治愈 / 45
记忆移植 / 55

第二篇　改善生活

护理机器人 / 67
可穿戴设备 / 79
无人驾驶汽车 / 90
智慧城市 / 101
刷脸支付 / 112
无线充电 / 119

第三篇　升级未来

智慧金融 / 131
沉浸式技术 / 141

全息投影 / 151
移动物联网 / 159
语音识别 / 172
人工智能 / 184

参考文献 / 195

后记 / 197

第一篇

解锁密码

生命·科学

生命科学是关系到人类健康与医疗修复的前沿学科，与临床医学存在密不可分的内在联系，所以部分高等院校的医学院甚至将两者放在一起，只是前者更偏重于理论研究，后者更偏重于临床实践。无论时代如何进步，人类对于自身奥秘的探知永不休止。作为更重视保健与养生的群体，老年人应当通过更多的渠道掌握一些人体健康相关的前沿科技进展，增强科学养老护理和抵抗疾患的信心。近年来，从基因测序到细胞图谱，从药物合成到器官重塑，从神经修复到记忆移植，科幻片中的一幕幕桥段正逐步变为现实……

基因测序

自20世纪90年代初,学界就开始涉足"人类基因组计划"。传统的测序方式是利用光学测序技术,即使用不同颜色的荧光标记4种不同的碱基,然后用激光光源去捕捉荧光信号从而获得待测基因的序列信息。虽然这种方法检测可靠,但是价格不菲,一台检测仪器为50万～75万美元,而检测一次的费用也高达5 000～10 000美元。

在最新的基因测序仪中,一枚不足指甲盖大小的芯片代替了传统激光镜头、荧光染色剂等,使测序仪做到微型化、小型化。通过半导体感应器,测序仪能对DNA复制时产生的离子流实现直接检测。当试剂通过集成的流体通路进入芯片的时候,密布于芯片上的反应孔立即成为上百万个微反应体系。这种技术组合,使研究人员能够在短短2小时内获取基因信息。而使用传统的光学测序技术需等待数周乃至数月后才能得到结果。同时,检测一次的费用也降到了最低1 000美元。

作为一种新型基因检测技术,基因测序能够从血液或唾液中分析测定基因全序列,预测罹患多种疾病的可能性。

科普新知

基因测序相关产品和技术已由实验室研究演变到临床应用,它通过锁定个人病变基因,达到提前预防和治疗疾病的目的。

基因测序正逐渐成为下一个改变世界的技术

过长的测序周期以及数十万美元的仪器成本,成了阻碍基因测序进入寻常百姓家的障碍。运用新技术的基因测序仪大大降低了基因组测序的门槛,使得更多研究人员能够使用这项技术开发多种应用。

总部位于美国加州的生命技术公司(Life Technologies)正在中国推出台式基因测序仪Ion Proton,并称这款产品可在一天时间内完成个人全基因组测序。这意味着基因测

▼ 基因测序的研究热度持续增温

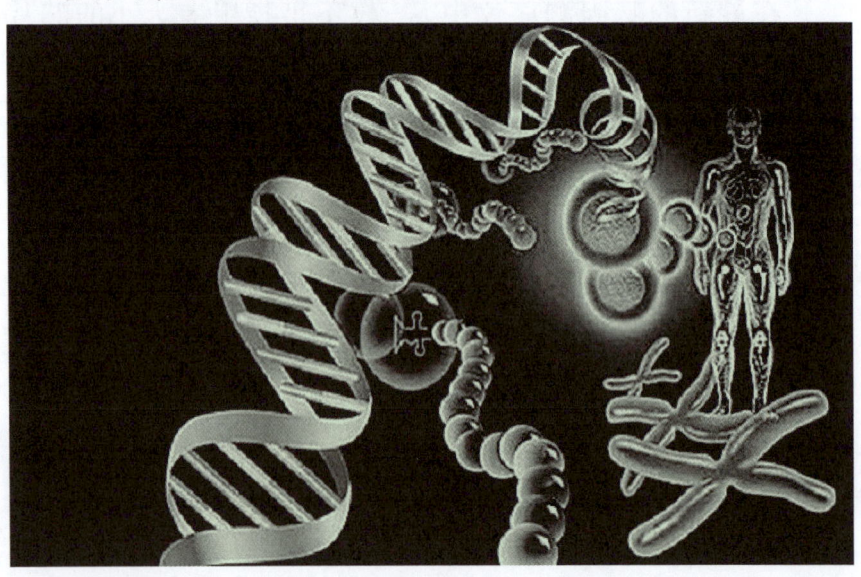

序技术有望走进临床实践，普通老百姓也能得知自己的基因序列。但是，这款产品还未获得FDA（美国食品及药物管理局）和CFDA（中国国家食品药品监督管理局）的权威认证，其具体作用还有待检验。

2013年，总部位于深圳的基因组学研究中心华大基因完成对人类全基因组精准测序的创新领导者Complete Genomics（简称"CG"）公司的收购，2015年，CG推出一款完全集成式的"超级测序仪"Revolocity™，澳大利亚健康服务公司Mater和荷兰奈梅亨大学医学中心成为Revolocity™测序系统的首批用户。

基因测序广为人知的还有针对唐氏综合征筛查的无创产前基因检测。只需要采集孕妇的外周血，通过对血液中游离DNA（包括胎儿游离DNA）进行测序，并将测序结果进行生物学分析，从而得出胎儿是否患有染色体数目异常的疾病，包括常见的21-三体综合征（唐氏综合征）、18-三体综合征（爱德华氏综合征）和13-三体综合征（Patau综合征）。

另外，备受公众关注的H7N9也是中国科学家通过基因测序等技术手段，发现的一种新型重配禽流感病毒。

近年来，基因测序从实验室走入临床，甚至逐渐成为全球医学界热门的话题。其中一个很重要的原因就是"名人效应"：苹果公司创始人乔布斯和影星安吉丽娜·朱莉都曾采用基因测序方法抵御癌症的侵袭，朱莉还为此预防性地切除自己的乳腺。乔布斯虽然仍因癌症去世，但他生前接受的全基因测序，已成为很多国家富人追捧的高端体检服务。

英国伦敦大学学院（UCL）和美国罗格斯大学的联合研究团队，将基因测序技术和超级计算机技术相结合，试图探索解决这一命题。研究人员把艾滋病（HIV）蛋白酶分

科普新知

子作为对象,利用酶在不同人体中形状的差别开展研究。在蛋白质活动区,酶完成切片并构成了下一个病毒,进而形成特定的病毒基因序列。如果知道了酶的形状,就可以找到相应的药物来阻止这一过程。研究人员通过模拟人体中不同形状的艾滋病病毒感染的关键蛋白质,演示了由计算机优化给出的多种艾滋病治疗药物疗效的排序清单。伦敦大学学院的皮特·柯文尼教授称:"有可能通过病人的基因组序列,推断出酶的形状,构建准确的蛋白质三维结构,筛选匹配药物,并将结果告诉主治医生,进而给出最优处方。"目前,研究团队已采用这一思路,对市场上正在应用的9种艾滋病治疗药物中的7种进行了排序验证。

科学家表示实际工作远比看起来复杂。目前他们建立的50多个模拟模型,就要配有5 000个处理器的计算机不停地计算12~18小时,还要对计算结果做大量的数据分析,才能给出药物的排序。今天的通用计算机技术很难胜任这样的工作,乐观地看,依当前计算机技术发展速度,也许十年后真能实现计算机为病人"抓药"的梦想。

基因测序帮助人们破解诸多难题

1996年,一对双胞胎出生了,男孩叫诺亚,女孩叫艾丽西斯。然而,他们的行为举止与别的孩子有所不同。从回到家的那天起,这对双胞胎就开始腹痛,并且一天要呕吐好几次。

在孩子们两岁的时候,他们被确诊为脑瘫。在精心的治疗和护理之下,这对双胞胎的病情似乎得到了控制。然而,5岁半的时候,双胞胎的病情又开始恶化。女孩艾丽西斯的眼珠开始上翻，手也无法正常下垂；男孩诺亚则是一天24小时不断呕吐。他们甚至无法像正常人一样走路、说话。此后，双胞胎的病情又几次反复，一直没有找到能治愈他们的方法。

2003年，机缘巧合之下，这对双胞胎和他们的哥哥以及父母进行了一次基因测序。经过对比分析，最终发现双胞胎致病的罪魁祸首是体内一种还原酶发生了基因突变。它破坏了产生多巴胺以及其他两种神经递质的细胞途径。

找到病因后，医生立刻制定了精确的治疗方案。一个月后，这对双胞胎被治愈。让这对双胞胎重获健康的，便是来自生命技术公司的基因测序技术。

基因测序虽然并不是个陌生的名词，但是大家并没有将它与自己的生活联系到一起。实际上，便捷的基因测序对生活品质的提升大有裨益。

现阶段对于同一种疾病的基因筛查，主要为目前已知的疾病相关的公共突变基因筛查，而对于绝大多数不是公共位点的突变基因，要通过基因检测查找出个体特异性基因突变的位点就非常困难。

对于寻找个体特异性的基因突变位点来说，将发病后的基因与个体婴儿原始的正常基因样本对比，是最简便，也是最快捷的找寻方法。对于个体一生来说，只有婴儿基因是未受到外界环境广泛影响的，因此，在出生时进行婴儿基因保存，在疾病发生时能利用基因测序技术，对比查找基因突变位点，帮助医生锁定病变基因。

除了人类的基因测序，测序仪还有很广泛的应用，比如医疗研究、法医鉴定、农作物研究、动物健康、食品安全等多个领域，都可以是测序仪大展拳脚的舞台。

慎重对待基因测序技术的使用

基因测序就像一把双刃剑,如果运用得不得法,它也有消极的一面。若全基因的检测普及,含有基因缺陷的人的信息一旦被泄露,将对他的生活产生不良影响。

而且基因测序并不是个性化治疗的唯一基础,其他还包括基因治疗等其他技术基础。更重要的是,对于任何基因测序的设备来说,用于临床前必须对其可靠性和可重复性做好完备的临床试验,并且取得FDA和CFDA的权威认证。

现在如果在网上搜索"基因测序",能看到多家医疗机构、体检中心,甚至公司提供的体检套餐,内容覆盖肿瘤、高血压、糖尿病等基因检测,价格从数百元到数万元不等。往往只需一滴血或一点唾液,就能检测多种疾病,如癌症或白血病。不过国家食品药品监督管理总局、卫生和计划生育委员会联合发出通知,要求在相关准入标准、管理规范出台以前,任何医疗机构不得开展基因测序临床应用;已经开展的,要立即停止。

基因测序相关产品和技术已由实验室研究演变到临床使用,对此,国务院有关部门高度重视。国家食品药品监督管理总局、卫生和计划生育委员会经过调查研究,正在组织相关领域专家论证。

2014年2月17日,国家食药总局相关负责人坦言,基因测序的临床应用多出现于医疗机构和体检中心的高端体检,但其使用的基因测序仪及相关诊断试剂和软件,很多没有经过医疗器械的注册审批。

2014年2月26日,国家食药监总局回应基因测序技术

"叫停"一事,称基因测序是基因检测领域的一项新技术,虽然速度快、成本低,但也因尚未经过监管部门的系统评价、准入,尚存安全性、有效性风险。

国家食药监总局还表示,国内已有多家企业从事基因测序相关产品的研究,并应用于临床,还有扩大趋势,但这些产品无一通过国家对医疗器械的审评审批和注册,依法应叫停其临床使用。两部委联合"叫停"基因测序技术临床应用引发舆论关注。

PCR、生物芯片等基因检测技术早已在临床广泛应用,其临床使用产品作为医疗器械,无论在国内外都有批准。国家食药监总局医疗器械注册司相关负责人介绍,从2008年至今,我国已陆续批准多种可用于基因检测的产品及配套仪器,如遗传性耳聋基因检测试剂、人乳头瘤病毒(HPV)DNA检测试剂,以及临床使用的与肿瘤个体化用药相关基因突变检测相关的多种试剂。

然而,作为当代基因检测技术的研究前沿,第二代基因测序技术及产品问世以来,各国卫生健康和食品药品监管部门对其在临床医学领域的应用和发展无不关注,但多采取审慎推进态度。以美国为例,直到2013年11月,美国

基因测序完全被接受尚需时日

食品药品管理局（FDA）才批准首个应用二代测序技术的用于"囊性纤维化疾病"的诊断产品，包括相关的仪器及试剂。同样，在我国，国家尚未批准注册过基于第二代基因测序技术的相关医疗器械。

基因测序诊断相关产品包括基因测序仪、相关诊断试剂和软件。国家食药监总局介绍，用于临床检测的基因测序仪、诊断软件产品，应按照《医疗器械注册管理办法》的相关程序和要求申请注册；相关体外诊断试剂，可按照《体外诊断试剂注册管理办法（试行）》申请注册。上述产品申请审批注册，还需要先在医疗机构开展一定样本数的临床试验，以验证安全性和有效性。

为鼓励医疗器械的研究和创新，国家食药监总局2014年2月还印发了《创新医疗器械特别审批程序（试行）》。国家食药监总局在回应中表示，若申请注册的基因测序临床诊断产品符合创新医疗器械定义，可按照"早期介入、专人负责、科学审批"的原则，在标准不降低、程序不减少的前提下优先审评审批，支持、鼓励前沿技术和产品在通过安全性、有效性评价的基础上尽早惠及公众。

21世纪是一个属于基因的时代

从数据角度分析癌症是最终战胜这种可怕疾病的理想方式。根据罗氏和基础医学签署的协议，罗氏可以访问基础医学的数据库。他们的数据库收录了3.5万名癌症患者的肿瘤DNA序列，以及这些患者服用的药物和药物在遏制癌症方面产生的功效等信息。

DNA测序以及其他生物学信息技术正在改变这一切。肿瘤基因测序技术揭示出"肾癌"或者"肺癌"的真相。从某种程度上说，它们是1 000种或者100万种病变的结合，每一种都带有一种不同的变异以及其他分子错误。每一个肿瘤拥有属于自己的"微型方舟"，充满怪异的功能紊乱的细胞以及大量出问题的DNA。最近一项针对肾癌的研究发现，没有两名患者存在相同的基因错误，同一名患者体内也没有两个基因变异相同的肿瘤。2014年，一项对乳腺癌进行的高分辨率DNA测序研究未能在一个肿瘤内发现两个基因相同的细胞。

找到变异的基因通常能够告诉科学家如何攻击癌症，或者说暴露出癌症的阿喀琉斯之踵。药物研发人员已经发明了几十种靶向疗法药物，能够专门对存在特定癌症相关基因变异的细胞发动攻击，杀死这些细胞或者让它们陷入瘫痪。在最为理想的假定中，每一种癌症都存在一个弱点，基因组测序（或者其他全面的生物学数据分析法）能够找到癌症的这个弱点。2012年，对100名乳腺癌患者进行的一项研究发现了40种不同的基因变异，形成73种不同的组合。一些患者存在6种在癌症中扮演角色的不同变异组合。在进行治疗的同时，肿瘤也适时进化，因此有必要重复测序肿瘤DNA，也就是要抢在癌症前面。对于很多变异来说，可能不存在任何适当药物。

21世纪是一个属于基因的时代，但是利用基因测序对抗癌症确实还有很长的路要走。

细胞图谱

MIT Technology Review杂志评出的2017年度十大突破技术中,细胞图谱和无人驾驶货车、刷脸支付、基因治疗等热门技术一同上榜,有望在未来对人类的经济生活产生重大影响。

对于细胞这个生物体结构的基本单位,我们已经相当熟悉。不过,科学家们并不满足。他们希望利用基因组学和细胞生物学中最强大的工具去捕获和观察人体内的37.2万亿个细胞,这就是庞大的"细胞图谱(Cell Atlas)"计划。

这个计划的目标是构建第一个全面的细胞图谱。这是一个技术奇迹,将全面揭示人体是由什么组成的,并为科学家提供一个全新且精细的生物学模型,从而加速药物的开发。

人类基因组计划后的又一壮举

随着时代技术的发展,继人类基因组计划(Human

Genome Project）之后，人类细胞图谱（Human Cell Atlas，HCA）直指更远大的目标：表征一切人体细胞，覆盖所有组织和器官，描绘健康人体的微观参考图。2017年10月13～14日，伦敦召开的一场国际会议揭开了"建立人类细胞图谱"全球行动计划的序幕。

该计划旨在描述人体中每个细胞（包括细胞类型、数量、定位、关系和分子组成），作为促进生物医学科学发展的参考地图。HCA将提供不同类型细胞组成人体组织的3D图谱、所有人体系统的连接方式，以及图谱变化与健康和疾病的关系。未来，HCA将彻底改善医生和研究人员对疾病的理解、诊断和治疗。

美国Broad研究所、英国Sanger研究所以及新成立的Chan Zuckerberg Biohub是这个"人类细胞图谱"项目的主要参与者。在他们的带领下，来自美国、英国、瑞典、以色列、荷兰和日本的科学家联盟将为我们体内的每个三维空间分配一个分子标记，并赋予一个"邮政编码"。

Sanger研究所细胞图谱团队的负责人Mike Stubbington表示："我们将看到一些预期的东西，我们已经知道的东西，但我相信会有一些全新的东西。它将带来惊喜。"

教科书上的传统观点认为，人体中有300多种类型的细胞，包括在血液中携带氧气的红细胞、在大脑中长期存在的神经元和在眼睛中像数码相机般工作的光感受器细胞。而真实的细胞类型无疑更多，最近的研究发现，两种新型的视网膜细胞躲过了几十年的眼睛检查，还有一种新发现的免疫细胞能产生类固醇，似乎抑制了免疫应答。

在这项计划中，三种技术正充当主力军。第一种是

"细胞微流体"。单个细胞被分离,以微小的磁珠标记,并以液滴的形式运动,就像汽车一样,沿着微流体芯片中窄窄的毛细管移动。之后,它们被捕获和裂解,并逐一研究。

第二种就是高通量测序技术。科学家可以利用超快速的测序仪器来解码单个细胞,并了解其中的基因活性。

第三种则是新颖的标记和染色技术。它能够根据细胞的基因活性,将每种类型的细胞定位在人体器官或组织中的特定区域。

人类细胞图谱联盟活动路线图

人类细胞图谱联盟是一个多样化和国际化的科技合作组织,它开放、协作,汇集并联合专家们,形成了一个专注于生命议题的网络。其中特定领域的网络已经出现,如免疫细胞图谱、发育细胞图谱和皮肤细胞图谱的组织。

这些组织中,有科学领袖、参与者,也包括了相关的临床和生物学专家,并发挥了领导作用。来自世界各地的科学家们踊跃加入人类细胞图谱联盟,活动于会议、社交媒体和电子媒体中,并参与和帮助设计。事实上,人类细胞图谱第一版已经发布,迄今为止,他们的每一次参与会议,以及之前和之后的工作,都帮助了这次人类细胞图谱白皮书的关键问题的拟定。

人类细胞图谱将分阶段进行,逐步生成参考图谱并逐步提高分辨率。以谷歌地图作为一个比喻:人们不仅可以看到地貌特征,还可以看见大洲、国家、城市、街道、房屋,而在人类细胞图谱中,人们可以看见人的整体,也能"拉近""放大"

看到分子以及它们如何组装成细胞、组织和器官及其特点。

人类细胞图谱第一稿,也即人类细胞图谱白皮书的焦点是:将描绘出3 000万到1亿个细胞的细胞图谱。这些细胞源于主要组织和系统,无论细胞是分离状态还是在它特定的组织环境中。

这将结合单细胞分离、冰冻组织单细胞核分离和相应的谱系分析技术,并包含了冰冻组织中细胞空间位置信息和组织信息。它也将酌情整合其他项目和组织的数据。

在第一稿中,对具有代表性的器官和系统将进行深入而广泛的分析。虽然第一稿以地域、年龄、疾病和种族多样性为中心,但它将不会针对这些特征进行全面的研究。

发布白皮书和在完成白皮书过程中所吸取的经验教训,将作为至少100亿个细胞图谱的基础,这些细胞覆盖所有组织、器官和系统,这是未来在疾病领域、遗传多样性、环境和年龄方面比较和深度分析的必要参考。

这些细胞来自健康的研究参与者和相关疾病的小群体样本,因为这些都是反映细胞多样性的关键。未来将使用广泛的技术进行研究,以捕捉这些细胞广度和深度,并将充分展示细胞世界的多样性。

人类细胞图谱是一个开放的资源

人类细胞图谱应该帮助回答在人类生物学各个领域的问题,从细胞分类和组织结构,从发育生物学到细胞分化,从生理平衡到其相关的分子机制。随着模式生物图谱的进行,使得功能评估变得容易,人类细胞图谱将使我们更好地理解我

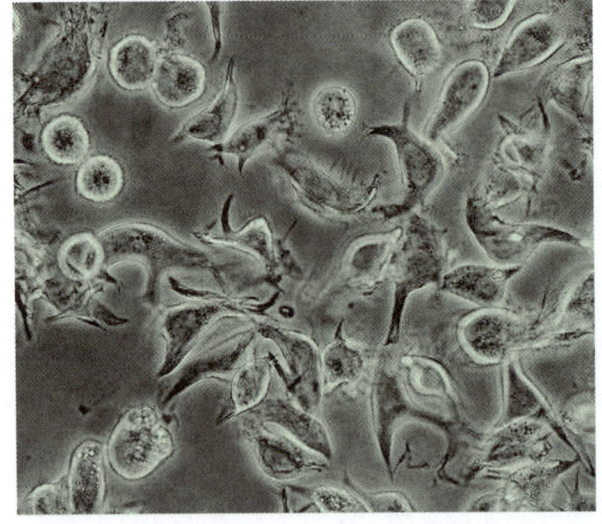

▲ 细胞图谱将会越来越多地影响医疗的各个方面

们的模型如何更忠实于人体生理、病理并通过变动来验证我们的发现。

由于人类细胞图谱的开放式属性，它将极大地加快生物研究人员、数据科学家以及世界各地的转化科学家和临床医生的发现，激发新疗法的发现、药物开发和诊断能力。

人类细胞图谱将提供关于不同细胞中特定基因及其疾病相关变异体表达的重要信息；将使我们能够开发更好的药物并更容易地预测它们的潜在毒性；并能够改变当今的标准诊断的做法。

细胞图谱建立在一套指导原则和价值上，以确保其最大限度地发挥对研究界和整个人类的作用。其中一些借鉴了早期组织的经验教训，另一些则反映了目前的独特性特征。

人类细胞图谱的发起和开展，具有重要的价值，如透明和开放的数据共享、高标准高质量的数据、组织的协同和技术的灵活性以及卓越的大数据计算方法。在不久的将来，随着人类细胞图谱工作的推进，人类细胞图谱有助于回答生物学各个方面的基本问题，以及作为一个揭开人类疾病秘密的指南。

细胞图谱将使研究人员能够识别细胞中特定的遗传变异的作用，从而有助于寻找由疾病基因来研究和确定治疗的靶点。例如，分析成千上万的视网膜神经元，发现了神经科学家以前没有发现的新的细胞亚型，这可以帮助我们在这种细胞中发现失明病人中实际发挥重要作用的基因。

再生医学研究对象是在疾病过程中丢失了的细胞类型图谱，将使生产和补充这种细胞的努力更准确。同样，健康人体组织细胞图谱和相应的类似器官或体外分化的细胞，将有助于确定工程组织是否忠实于正常的细胞和组织结构，并帮助确定完善任何缺失细胞的方法。例如，正在努力从体外生产多巴胺神经元，或者，在体内使细胞重新编程发育为制造多巴胺的神经元来治疗帕金森病。

人类细胞学图谱将对生物学和医学产生广泛的影响

人类细胞图谱在疾病机制、药物发现、毒理学、药物疗效和抗性等方面都将产生实质性影响。

- 疾病机制：由于细胞图谱将提供细胞详尽细节和它们在组织中的作用，研究人员将能够在细胞和细胞生态系统的水平上，了解任何紊乱的机制。例如，小肠的细胞图谱将有助于绘制细胞中与克罗恩病、食物过敏、肥胖和结肠癌有关的基因和它们的作用。
- 药物发现：细胞图谱将为药物筛选提供指导，帮助筛选理想细胞类型中表达的基因特征。例如，它可以给我们一个分子图谱，说明哪些基因和基因特点能够驱动细胞的发育，以及它在癌症中的变异，并为药物发现提供靶点。

- 毒理学：有可能确定体内某一特定基因的所有表达谱，帮助确定药物试验前潜在的靶效应。例如，细胞图谱会帮助CAR-T免疫细胞治疗开发商，保证效应细胞不会不经意地损伤其他组织中表达同样基因的健康的细胞（例如，由于靶向基因在视网膜的表达，药物导致失明）。
- 药物疗效和抗性：细胞图谱将提供分析了解药物在治疗前和治疗后、在细胞和组织水平上起作用或不起作用的必要的工具。例如，一个"细胞生态图"既能识别免疫治疗靶细胞类型，又能识别靶分子，将有助于预测和监测肿瘤反应，并为耐药患者的免疫调节提供新的线索。
- 诊断：了解体内所有细胞类型及其在疾病中的作用，将使普通诊断工具升级且功能更强大。例如，在各种诊断中使用的全血细胞检查，升级后将会提供血液异常、传染病、自身免疫性疾病和癌症等情况下有核细胞的高分辨图像。病人的组织活检也可以用前所未有的分辨率进行分析。

总之，人类细胞图谱组织是一个综合的、开放的全球资源——图谱的完成有可能改变我们对生物学的理解，将最终使我们能够完成精准医疗的愿望和承诺。

世界首个哺乳动物细胞图谱在中国诞生

浙江大学医学院干细胞与再生医学中心郭国骥教授团

队利用微孔板测序技术构建小鼠细胞图谱。该团队自主研发低成本、高效率、完全国产化的高通量单细胞测序平台Microwell-seq，并在短时间内利用这一平台构建了全球首个哺乳动物的细胞图谱。

利用Microwell-seq，团队对来自小鼠不同生命阶段的近50种器官组织的40余万个细胞进行了系统性的单细胞转录组分析，并构建了首个哺乳动物细胞图谱。

郭国骥把这个图谱称为"细胞地图"。在研究中，团队对小鼠的主要细胞类型、每一种器官内的组织细胞亚型、基质细胞亚型、血管内皮细胞亚型和免疫细胞亚型进行了详细的描述。

研究发现，来自不同组织的基质细胞，拥有完全不同的基因表达特征，对组织特异性微环境行使重要的调节作用。这提示科学家，在组织工程和器官修复过程中不能只考虑组织细胞，必须同时修复相应的基质细胞体系。

"人类对于生命的认知就像对浩渺宇宙的探索，单细胞测序，赋予我们更为特殊的'观测'手段，去探索生命体'星空'中不曾发现的重要物质。"郭国骥说。"科学家可以利用这一平台开展细胞命运决定的机制性研究，对再生医学的移植前细胞鉴定以及临床疾病的细胞水平诊断带来深远的影响。"科学界认为，小鼠细胞图谱的完成也将对下一步人类细胞图谱的构建带来指导性意义，并惠及细胞生物学、发育生物学、神经生物学、血液学和再生医学等多个领域。

合成生物学

合成生物学，一个陌生而又熟悉的名字。如果套用当下的一句流行用语，它是一个"低调奢华有内涵"的学科名称。这是因为，它已悄无声息地蔓延到各个学科领域。

作为21世纪刚刚出现的一个生物科学分支学科，它与传统生物学从上而下通过层层解剖和解析生命体来研究其内在构造的办法相反，它是将生命尤其是单细胞生命，视为执行生理功能的零部件，自下而上地通过组装后重新构建新的生命体系。

它也不同于基因工程把一个物种的基因延续、改变并转移至另一物种的做法，其目的在于通过组装各种生命部件来从头建立人工生物体系，让这些部件像电路中的元器件一样，在生物体内运行，使生物体能按预先设计的方式来完成各种生物学功能。

合成生物学再造生命的奇迹

2014年4月1日，美国国防部先进研究项目局诞生了一个新机构：生物技术办公室（BTO），其重点研究方向是利用生命系统的合成能力，研发比传统先进的化学手段还要优越的新技术，构造具有全新功能的生物科学系统，从而为国家安全提供强有力的科技支持。

这一信息的披露，再一次将世人的目光投向了一个全新研究领域——合成生物学。现在，就让我们随同专家的步伐一起来揭开其神秘的面纱。

可能有人会问，地球上所有的生命都是经过亿万年进化的产物，是通过自然选择雕琢出来的杰作，何需再对它们重新设计呢？

事实也是如此，基因作为生物进化的物质基础和主体，几乎无可挑剔。但是，人类需要的绝不仅仅是维持一个繁荣的生物圈，正如恩格斯关于人和动物区别的论述——"人和动物最大的区别是制造并使用工具"，而要将生命系统转变为一个具有无限潜力的工具，就得依靠合成生物学与合成生物技术来实现。

合成的生命系统到底如何造福人类呢？我们举个现实例子。疟疾，是一种顽固的热带流行病，至今仍在各大洲肆虐。在治疟过程中，中国科学家发现了一种能够治疗疟疾的青蒿素，被人们特别是非洲人称为"中国神药"。2006年，美国科学家将整个青蒿酸的

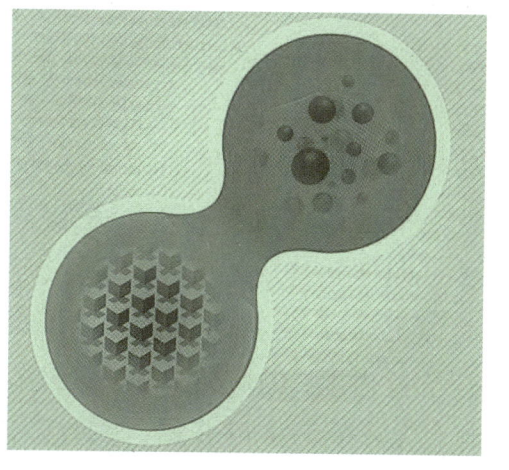

人们能够设计和创造新生物系统

科普新知

代谢系统相关基因在酵母菌中重新构建,使其具备了合成青蒿酸能力,大幅提高了青蒿素的生产能力,显著降低了成本。

试想,如果我们能够运用神奇的合成生物学技术,有针对性地对生命尤其是单细胞生命进行重新设计和构建,不仅有机会获得更多"神药",呵护人类的健康,而且能让人的生命系统具备更加多样的能力。

合成生物学创造人工生命的曙光

2010年,著名学术期刊《科学》杂志公布了世界上首例合成生命"辛西娅"。美国生物学家通过10多年的研究和探索,成功地将蕈状支原体的基因组,拷贝到了被挖空的山羊支原体细胞内,并让它重新活了过来。这就是世界上第一个完全由人工合成的生物——"辛西娅"。

辛西娅的诞生,是人类创造的生命吗?或者说,人类已经具备创造生命的能力了吗?对此,科学家并不支持这样的观点,他们认为,辛西娅只能称为人类合成的生命,而不是创造的生命,这里面的区别就在于是否"原创"。如果将它与文学创作做一个类比,合成的辛西娅只是将别人的作品抄了一遍,并在里面做了标记,并不属于原创。因此,也就谈不上是创造了一个生命。

即便这样,辛西娅的诞生,还是轰动了世界,毕竟她是地球上一个全新的生命,拥有的是人工赋予的遗传物质。有学者指出,在人类史中,人们第一次利用最基本的建筑材料,从一个个字母开始,掌握了书写生命的密码,已经可以复制出人工生命了。同时可以预见,未来以基因为基本砖块搭建"高楼大厦"的日子指日可待。合成生物学将达到最高境界——创造新的人工生命。

合成生物学催生下一次生物技术革命

目前,科学家们已经不局限于非常辛苦地进行基因剪接,而是开始构建遗传密码,以期利用合成的遗传因子构建新的生物体。合成生物学在未来几年有望取得迅速进展。据估计,合成生物学在很多领域将具有极好的应用前景,这些领域包括更有效的疫苗的生产、新药和改进的药物、以生物学为基础的制造、利用可再生能源生产可持续能源、环境污染的生物治理、可以检测有毒化学物质的生物传感器等。

尽管合成生物学的商业应用多数还要几年以后才能实现,但现在研究人员已经在利用合成生物体来研制下一代清洁的可再生生物燃料以及某些稀缺的药物。第一代合成微生物是合成生物学的简单应用,它们可能与目前利用DNA重组的微生物类似,其风险评估或许不成问题,因此,对立法者的挑战较少。但随着合成生物学技术不断走向成熟,又可能研制出复杂的有机体,其基因组可能由各种基因序列(包括实验室设计和研制的人工基因序列)重组而成。尽管其风险和风险评估问题与经过基因修饰的生物体引发的问题类似,但对于这类复杂的合成微生物来说,找到上述问题的答案要困难得多。

在转基因生物技术方面,立法者对转基因生物体进行

风险评估时，一般是通过将转基因生物体与为人们所熟知的同类的非转基因生物进行比较分析，从而认识增加的遗传物质的功能。立法者通过将自然存在的物种与转基因物种进行比较，来确保新的有机体像其传统的同类物质"一样安全"。

但是，对于通过合成生物学制成的复杂的有机体而言，如果它是由各种来源的遗传序列组合而成或者含有人工DNA，就很难确定其"遗传谱系"。另外，重组后的遗传序列是否保留其原有的功能，或者新组合成分之间是否会产生协同反应从而导致不同的功能或行为也是个问题。随着对有关遗传成分的认识的增加，科学家们也许可以预测新的遗传改造所具有的功能，但是，由来自合成和自然物质的遗传成分合成的有机体可能会表现出原来没有过的"新行为"。先进的合成微生物的复杂性给根据遗传序列和结构进行功能预测增加了新的不确定性。现有的风险评估方法无法用来预测复杂的适应系统。此外，尽管许多科学家认为转基因生物体在自然环境中可能无法生存或繁殖，但合成有机体可以发生变异和进化，这引起了人们的担忧，担心它们如果释放到环境中，其遗传物质可能扩散到其他有机体，或者与其他有机体交换遗传物质。这种风险同样与转基因生物引发的风险类似，只是要预先评估将来开发的复杂的合成生物体的风险更为困难。

合成生物学无疑会推动生物燃料、特种化学品、农业和药物等方面的进步。但这个新兴领域的进一步发展对政府的监管提出了严峻挑战。科学家们已经开始关注合成生物学研究的风险问题。最受关注的莫过于生物安全问题。合成生物学的早期应用引发的安全性问题应予以重视。像其他新技术一样,合成生物学对决策者提出了挑战。政府在制定政策时必须做出权衡,一方面是如何收获新产品的利益,另一方面是如何预防对环境和公共健康的潜在危害。目前,人们普遍认为,针对遗传工程制定的政策和法规是制定面向合成生物学的政策法规时可以效仿的。在这项新技术成熟之前,决策者应考虑如何对这项新兴的融合技术进行约束。由于合成生物学的不确定性,立法者面临的挑战是如何制定决策,使对合成生物体的管制既不能过松,也不能过严。因此,亟须在产品开发的同时开展风险研究。毋庸置疑,一般性研究是很有用的,但很多情况下,必须针对具体的生物体、产品和应用进行风险研究。

中国科学家实现染色体"16合1"

中国科学家在国际上首次人工创建了单条染色体的真核细胞,这一成果于2018年8月2日在国际知名学术期刊《自然》在线发表。中科院分子植物科学卓越创新中心/植物生理生态研究所合成生物学重点实验室研究员覃重军研究团队完成了将单细胞真核生物酿酒酵母天然的16条染色体人工创建为具有完整功能的单条染色体。

在生物学教科书中,自然界存在的生命体分为具有被核膜包裹染色体细胞核的真核生物和染色体裸露无核膜包裹的原核生物。染色体携带了生命体生长与繁殖的遗传信息,真核生物通常含有线型结构的多条染色体,而原核生物通常只有环形结构的一条染色体。

覃重军表示,他大胆设想真核生物也能像原核生物一

样，用一条线型染色体装载所有遗传物质并完成正常的细胞功能，通过人工创建酿酒酵母，验证了这个假设是可行的。这说明，天然复杂的生命体系可以通过人工干预变简约，自然生命的界限可以被人为打破，甚至可以人工创造全新的自然界不存在的生命。

据介绍，酿酒酵母是研究染色体异常的重要模型，酿酒酵母中有1/3基因与具有23对染色体的人类基因同源。覃重军的成果为研究人类细胞衰老提供了很好的模型。覃重军研究组进一步与合成生物学重点实验室赵国屏院士研究组、中科院生物化学与细胞生物学研究所周金秋研究员研究组、武汉菲沙基因信息有限公司及军事医学科学院赵志虎研究员等团队合作，深入鉴定SY14的代谢、生理和繁殖功能及其染色体的三维结构。研究发现，虽然人工创建的单条线型染色体的三维结构发生了巨大变化，但SY14酵母具有正常的细胞功能，并未因为染色体数量的简化而失能。这也就颠覆了染色体三维结构决定基因时空表达的传统观念，揭示了染色体三维结构与实现细胞生命功能的全新关系。

该研究成果是通过经典分子生物学"假设驱动"与合成生物学"工程化研究模式"来探索解析生命起源与进化中重大基础科学问题的一个新范例。对天然复杂的酵母染色体实施人工改造，赋予其全新的简约化形式，这是继原核细菌"人造生命"之后的一个重大突破。单染色体酵母的"诞生"，连同我国科学家参与的酵母染色体全人工合成工作，是继20世纪60年代人工合成结晶牛胰岛素和tRNA之后，中国学者再一次利用合成科学策略，回答生命科学领域一个重大的基础问题，即建立原核生物与真核生物之间基因组进化的桥梁,为人类对生命本质的研究开辟了新方向。

"最简约酵母"的"诞生",对人类又有何实用意义呢?覃重军表示,人造单染色体酵母没有添加任何其他物质,和天然酵母一样可以食用。酿酒酵母不仅是日常生活的好伙伴,而且是研究染色体异常的重要模型。线型染色体末端有一个重要的保护结构——端粒,随着细胞分裂次数的增加,端粒的长度逐渐缩短,当端粒变得不能再短时,细胞就会死亡。人类的过早衰老与染色体的端粒长度直接相关。此外,端粒的缩短还与许多疾病相关,包括基因突变、肿瘤形成等。与天然酵母的32个端粒相比,覃重军研究团队人工创造的单条线型染色体仅有2个端粒,为研究人类端粒功能及细胞衰老,检验药物功能,提供了很好的模型。

"不过,融合染色体菌株确实表现出小的适应性限制和有性生殖限制,这些发现或许有助于解释生物具有较多染色体的优势。"覃重军相信,未来通过对这一版人造单染色体酵母的改进,还能进一步提升性能。

有意思的是,由于在全球各地的食物和饮料发酵过程中的广泛使用,酵母可说是人类文明史的重要参与者与见证者。然而,酵母的多样性与演化史,对人类而言仍有许多待解之谜。不少科学家认为,酵母最有可能起源于中国。同样是在《自然》杂志,来自法国的科学家团队发表研究结果,通过大规模的基因组测序结果,支持"酵母中国起源说"。而在线出版的《自然》上,与覃重军团队研究成果"背靠背"发表的,是纽约大学朗格尼医学中心Jef Boeke教授团队创建的含有2条染色体的酿酒酵母。中美两支科学家团队的同主题研究工作,各自独立,来自中国的"人造

酵母"更简约。

合成生物学的前景与经济价值不可估量

合成生物学是现代科学最富前景的领域之一,是将生物科技领域基础研究转化为实际社会生产力的关键科学技术,也是改变未来世界的十大技术之一,具有在低碳经济中支撑经济增长和创造就业机会的巨大潜力。截至2015年,有1/5的化学工业可以依赖合成生物学;截至2016年,全球合成生物学技术的市场达到167亿美元,2011～2016年年增长率达到45%。麦肯锡全球研究所和世界经济论坛均将合成生物学评价为未来的革命性技术。2014年6月,经济合作与发展组织(OECD)发布《合成生物学政策新议题》报告,认为合成生物学领域前景广阔,建议各国政府把握机遇,引入资金,以创新方式推动代表未来生物技术革命的合成生物学的发展。

合成生物学已成为全球研发的热点领域,很多国家看好合成生物学未来的发展前景,并给予大量投入。美国是在合成生物学领域投入最多、发展最快的国家,政府对合成生物学的投资每年约1.4亿美元。美国国防部致力于将合成生物学打造为一种先进制造平台,能源部也围绕合成生物学启动了一些研究项目。欧盟投入合成生物学的经费占其研发总投入的1/4～1/3。英国将合成生物学视为引领未来经济发展的4个新兴技术产业之一,贸易创新部预测2020年合成生物学产值将达到620亿英镑,专门成立了合成生物学路线图协调组,开展路线图研究。英国政府不断加大对合成生物学的资助力度,2014年建立了五大合成生物学研究中心。

合成生物学对新生物能源的开发具有不可估量的作用,可以解决生物燃料生产工艺过程中的一些关键问题。开发人工合成细菌,可将糖类直接转化成与常规燃油兼容的生物燃油,甚至可以直接从太阳获取能量,制造清洁燃料。国外通过合成基因组学方法,对自然界中将二氧化碳转化为甲烷的细菌进行改造,用合成染色体替换其原有染色体,使之仅具有代谢二氧化碳的功能,成为一个专门生产甲烷的全新生物体。全球首个人造细胞的缔造者克雷格·文特尔甚至声称,传统的以石油为中心的能源工业体系将被这样的新能源生产方式完全代替。

合成生物学铺设工业轨道产业前景不可估量 ▼

3D打印

日常生活中使用的普通打印机可以打印电脑设计的平面物品,而所谓的3D打印机与普通打印机工作原理基本相同,只是打印材料有些不同,普通打印机的打印材料是墨水和纸张,而3D打印机内装有金属、陶瓷、塑料、砂等不同的打印材料,是实实在在的原材料,打印机与电脑连接后,通过电脑控制可以把打印材料一层层叠加起来,最终把计算机上的蓝图变成实物。通俗地说,3D打印机是可以打印出真实的3D物体的一种设备,比如打印机器人,打印玩具车,打印各种模型,甚至是食物等。之所以通俗地称其为打印机是参照了普通打印机的技术原理,因为分层加工的过程与喷墨打印十分相似。这项打印技术称为3D立体打印技术。

3D打印存在着许多不同的技术,它们的不同之处在于所使用的材料的方式。3D打印常用材料有尼龙、石膏、铝、钛合金、不锈钢、橡胶等。

3D打印的前世与今生

3D打印技术出现在20世纪90年代中期,实际上是利用光固化和纸层叠等技术的最新快速成型装置。

1986年,美国科学家Charles Hull开发了第一台商业3D印刷机。

1993年,麻省理工学院获得3D印刷技术专利。

1995年,美国ZCorp公司从麻省理工学院获得唯一授权并开始开发3D打印机。

2005年,市场上首个高清晰彩色3D打印机Spectrum Z510由ZCorp公司研制成功。

2010年11月,美国Jim Kor团队打造出世界上第一辆由3D打印机打印而成的汽车Urbee。

2011年6月6日,发布了全球第一款3D打印的比基尼。

2011年7月,英国研究人员开发出世界上第一台3D巧克力打印机。

2011年8月,南安普敦大学的工程师们开发出世界上第一架3D打印的飞机。

2012年11月,苏格兰科学家利用人体细胞首次用3D打印机打印出人造肝脏组织。

2013年10月,全球首次成功拍卖一款名为"ONO之神"的3D打印艺术品。

2013年11月,美国德克萨斯州奥斯汀的3D打印公司"固体概念"(SolidConcepts)设计制造出3D打印金属手枪。

2018年8月1日起,3D打印枪支将在美国合法,3D打印手枪的设计图也将可以在互联网上自由下载。

各种限制因素有待破除

材料的限制

虽然高端工业印刷可以实现塑料、某些金属或者陶瓷打印,但无法实现昂贵和稀缺材料的打印。另外,打印机也还没有达到成熟的水平,无法支持日常生活中所接触到的各种各样的材料。

研究者们在多材料打印上已经取得了一定的进展,但除非这些进展达到成熟并有效,否则材料依然会是3D打印的一大障碍。

机器的限制

▼ 材料限制是3D打印的头号难题

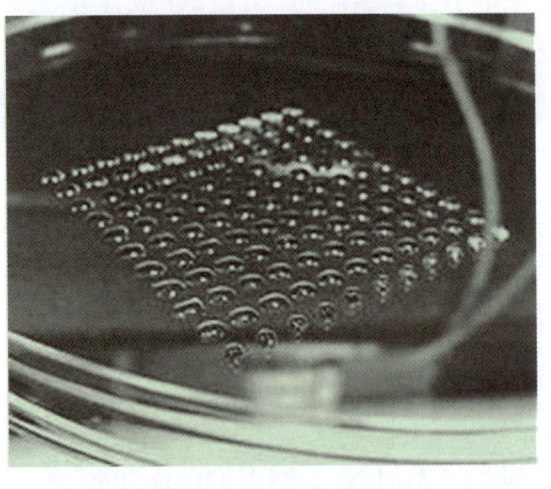

3D打印技术在重建物体的几何形状和机能上已经获得了一定的水平,几乎任何静态的形状都可以被打印出来,但是那些运动的物体和它们的清晰度就难以实现了。这个困难对于制造商来说也许是可以解决的,但是3D打印技术想要进入普通家庭,每个人都能随意打印想要的东西,那么机器的限制就必须得到突破才行。

知识产权的忧虑

在过去的几十年里,音乐、电影和电视产业中对知识产权的关注变得越来越多。3D打印技术也会涉及这一问题,因为现实中的很多东西都会得到更加广泛的传播。人们可以随意复制任何东西,并且数量不限。如何制定3D打印的法律法规用来保护知识产权,也是人们面临的问题之一,否则就会出现泛滥的现象。

道德的挑战

道德是底线。什么样的东西会违反道德规律是很难界定的,比如枪支的3D打印在有些地区

▲ 3D打印枪支的部件

就是合法的。如果有人打印出生物器官和活体组织,在不久的将来会遇到极大的道德挑战。

费用的承担

3D打印技术需要承担的费用是高昂的。第一台3D打印机的售价约1.5万美元。如果想要普及到大众,降价是必须的,但又会与成本形成冲突。每一种新技术诞生初期都会面临类似的障碍,但相信找到合理的解决方案后,3D打印技术的发展将会更加迅速,就如同任何软件一样,不断地更新才能达到最终的完善。

科普新知

航海与航天获益于3D打印

海军舰艇

2014年7月1日,美国海军试验了利用3D打印等先进制造技术快速制造舰艇零件,希望借此提升执行任务速度并降低成本。

美国海军致力于未来在这方面培训水手。采用3D打印及其他先进制造方法,能够显著提升执行任务速度及预备状态,降低成本,避免从世界各地采购舰船配件。

美国海军作战舰队后勤科副科长Phil Cullom表示,考虑到成本及海军后勤及供应链现存的漏洞,以及面临的资源约束,先进制造与3D打印的应用越来越广,他们设想了一个由技术娴熟的水手支持的先进制造商的全球网络,找出问题并制造产品。

航天科技

2014年9月,NASA(美国国家航天和航空局)完成首台成像望远镜,所有元件基本全部通过3D打印技术制造。NASA也因此成为首家尝试使用3D打印技术制造整台仪器的单位。这款太空望远镜功能齐全,其50.8毫米的摄像头使其能够放进立方体卫星(CubeSat,一款微型卫星)当中。据了解,这款太空望远镜的外管、外挡板及光学镜架全部作为单独的结构直接打印而成,只有镜面和镜头尚未实现。

这款长50.8毫米的望远镜全部由铝和钛制成,而且只需通过3D打印技术制造4个零件即可,相比而言,传统制造方法所需的零件数是3D打印的5～10倍。此外，在3D打印的望远镜中，可将用来减少望远镜中杂散光的仪器挡板做成带有角度的样式，这是传统制作方法在一个零件中所无法实现的。

2014年8月31日，NASA的工程师们完成了3D打印火箭喷射器的测试，该项研究在于提高火箭发动机某个组件的性能，由于喷射器内液态氧和气态氢一起混合反应，这里的燃烧温度可达到大约3 315℃，可产生90千牛左右的推力，验证了3D打印技术在火箭发动机制造上的可行性。

制造火箭发动机的喷射器需要精度较高的加工技术，如果使用3D打印技术，就可以降低制造上的复杂程度，在计算机中建立喷射器的三维图像，打印的材料为金属粉末和激光，在较高的温度下，金属粉末可被重新塑造成需要的样子。火箭发动机中的喷射器内有数十个喷射元件，要建造大小相似的元件需要一定的加工精度，该技术测试成功后将用于制造RS-25发动机，其作为NASA未来太空发射系统的主要动力，该火箭可运载宇航员超越近地轨道，进入更遥远的深空。马歇尔中心的工程部主任克里斯认为，3D打印技术在火箭发动机喷油器上应用只是第一步，目的在于测试3D打印部件如何能彻底改变火箭的设计与制造，并提高系统的性能，更重要的是可以节省时间和成本，不太容易出现故障。

2014年10月11日，英国一个发烧友团队用3D打印技术制出了一枚火箭，他们还准备让这个世界上第一个打印出来的火箭升空。该团队在伦敦的办公室向媒体介绍这个世界第一架用3D打印技术制造出的火箭。团队队长海恩斯说，有了3D打印技术，要制造出高度复杂的形状并不困难。就算要修改设计原型，只要在计算机辅助设计的软件上做出修改，打印机将会做出相对的调整，这比之前的传统

制造方式方便许多。

NASA官网2015年4月21日报道，NASA工程人员正通过利用增材制造技术制造首个全尺寸铜合金火箭发动机零件以节约成本，NASA空间技术任务部负责人表示，这是航空航天领域3D打印技术应用的新里程碑。

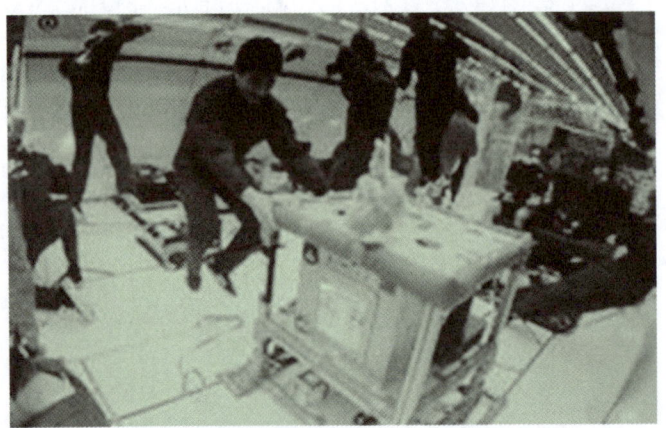

▲ 我国首台空间在轨3D打印机问世

2016年4月19日，中科院重庆绿色智能技术研究院3D打印技术研究中心对外宣布，经过该院和中科院空间应用中心两年多的努力，在法国波尔多完成抛物线失重飞行试验，国内首台空间在轨3D打印机宣告研制成功。这台3D打印机可打印最大零部件尺寸达200 mm×130 mm，它可以帮助宇航员在失重环境下自制所需的零件，大幅提高空间站实验的灵活性，减少空间站备品备件的种类与数量和运营成本，降低空间站对地面补给的依赖性。

3D打印为器官重塑注入强心剂

3D打印肝脏模型

日本筑波大学和大日本印刷公司组成的科研团队

2015年7月8日宣布,已研发出用3D打印机低价制作可以看清血管等内部结构的肝脏立体模型的方法。据称,该方法如果投入应用就可以为每名患者制作模型,有助于术前确认手术顺序以及向患者说明治疗方法。

这种模型是根据CT等医疗检查获得患者数据用3D打印机制作的。模型按照表面外侧线条呈现肝脏整体形状,详细地再现其内部的血管和肿瘤。

利用3D打印技术制作的内脏器官模型主要用于研究,由于价格高昂,在临床上没有得到普及。科研团队表示,他们一方面争取实现肝脏模型的实际应用,另一方面将推进对胰脏等器官模型制作技术的研发。

3D打印头盖骨

2014年8月28日,46岁的农民胡某在盖房子时,从3层楼坠落后砸到一堆木头上,左脑盖被撞碎。在医院手术后,胡某虽然保住了性命,但左脑盖凹陷,在别人眼里成了个"半头人"。

事故还伤及胡某的视力和语言功能。医生采用3D打印技术,设计了钛金属网重建缺损颅眶骨,制作出缺损的左"脑盖",最终实现左右对称。

医生称,除了用钛网支撑起左边脑盖外,还从胡某腿部取肌肉进行填补。手术后,胡某面容恢复如常人,至于语言功能还得术后看恢复情况。

3D打印脊椎植入人体

2014年8月,北京大学研究团队成功地为一名12岁男孩植入了3D打印脊椎,这属全球首例。据了解,小男孩的脊椎在一次足球比赛受伤之后长出了一颗恶性肿瘤,医生不得不选择移除掉肿瘤所在的脊椎。不过,这次的手术比较特殊的是,医生并未采用传统的脊椎移植手术,而是尝试先进的3D打印技术。

研究人员表示,这种植入物可以跟原有骨骼非常好地结合起来,而且还能缩短患者的康复时间。由于植入的3D脊椎可以很好地跟周围的骨骼结合在一起,所以它并不需要太多的"锚定"。此外,研究人员还在上面设立了微孔洞,它能帮助骨骼在合金之间生长,换言之,植入进去的3D打印脊椎将跟原脊柱牢牢地生长在一起,这也意味着未来不会发生松动的情况。

3D打印心脏救活2周大先心病婴儿

2014年10月13日,纽约长老会医院的埃米尔·巴查博士讲述了他使用3D打印的心脏救活一名2周大婴儿的故事。这名婴儿患有先天性心脏缺陷,导致心脏内出现"大量的洞"。在过去,手术需要停掉心脏,将其打开并进行观察,然后在很短的时间内来决定接下来应该做什么。

但有了3D打印技术之后,巴查医生就可以在手术之前制作出心脏的模型,从而使他的团队可以对其进行检查,然后决定在手术当中到底应该做什么。这名婴儿原本需要进行3~4次手术,而现在一次就够了,这名原本被认为寿命有限的婴儿可以过上正常的生活。

巴查医生说,他使用了婴儿的MRI数据和3D打印技术制作了这个心脏模型。整个制作过程共花费了数千美元,不过他预计制作价格会在未来降低。

3D打印技术能够让医生提前练习,从而减少患者在手

术台上的时间。3D模型有助于减少手术步骤,使手术变得更为安全。

3D打印胸腔

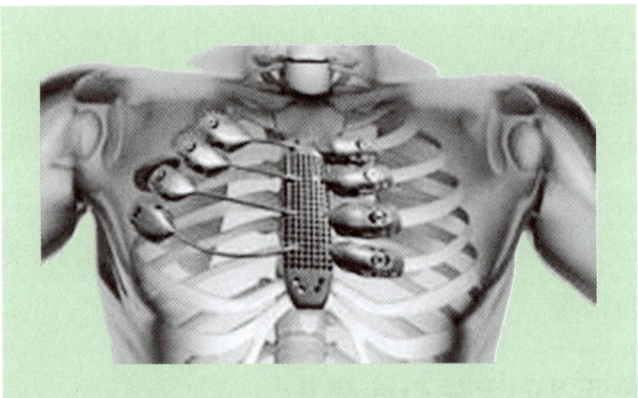

▲ 钛制胸腔可替换病变胸骨和肋骨

最近,科学家们用传统的3D打印技术打印钛制的胸骨和胸腔,这项技术被称为3D打印胸腔。受惠者是一名54岁的西班牙人,他患有一种胸壁肉瘤,这种肿瘤形成于骨骼、软组织和软骨当中。医生不得不切除病人的胸骨和部分肋骨,以此阻止癌细胞扩散。

这些切除的部位需要找到替代品,在正常情况下所使用的金属盘会随着时间推移而变得不牢固,并容易引发并发症。澳大利亚的CSIRO公司创造了一种钛制的胸骨和肋骨,与患者的几何学结构完全吻合。

CSIRO公司根据患者的CT扫描设计并制造所需的身体部件。工作人员借助CAD软件设计身体部分,输入3D打印机中。手术完成两周后,患者就被允许出院了,而且一切状况良好。

3D血管打印机

2015年10月,我国"863计划"3D打印血管项目取得重大突破,世界首创的3D生物血管打印机由四川蓝光英诺生物科技股份有限公司研制成功。

该款血管打印机性能先进,仅仅2分钟便打出10厘米长的血管。不同于市面上现有的3D生物打印机,3D生物血管打印机可以打印出血管独有的中空结构、多层不同种类细胞,这是世界首创。

3D打印渗透到人们的"衣食住行"

房屋建筑

2014年8月,10幢3D打印建筑在上海张江高新青浦园区内交付使用,作为当地动迁工程的办公用房。这些"打印"的建筑墙体是用建筑垃圾制成的特殊"油墨",按照电脑设计的图纸和方案,经一台大型3D打印机层层叠加喷绘而成,10幢小屋的建筑过程仅花费24小时。

3D打印房屋在住房容纳能力和房屋定制方面具有意义深远的突破。在荷兰首都阿姆斯特丹,一个建筑师团队已经开始制造全球首栋3D打印房屋,而且采用的建筑材料是可再生的生物基材料。这栋建筑名为"运河住宅(Canal House)",由13间房屋组成。

2014年1月,数幢使用3D打印技术建造的建筑亮相苏州工业园区。这批建筑包括一栋面积1 100平方米的别墅和一栋6层居民楼。这些建筑的墙体由大型3D打印机层层叠加喷绘而成,而打印使用的"油墨"则由建筑垃圾再生而成。

2015年7月17日,由3D打印的模块新材料别墅现身西安,建造方在三个小时内完成了别墅的搭建。据建造方介绍,

这座三个小时建成的精装别墅，只要摆上家具就能拎包入住。

汽车行业

2014年9月15日，第一辆3D打印汽车面世。

这辆由美国Local Motors公司设计制造，名叫"Strati"的小巧两座家用汽车开启了汽车行业新篇章。

用3D打印技术打印这辆轿车并完成组装需时44小时。整个车身上靠3D打印出的部件总数为40个，相较传统汽车20 000多个零件来说可谓十分简洁。充满曲线的车身由黑色塑料制造，再层层包裹碳纤维以增加强度，这一制造设计尚属首创。汽车由电池提供动力，最高时速约64千米，车内电池可供行驶190～240千米。

尽管汽车的座椅、轮胎等可更换部件仍以传统方式制造，

▼ 3D打印技术打印一辆车需时44小时

▲ 3D打印的Blade外观酷炫

但用3D制造这些零件的计划已经提上日程。制造该轿车的车间里有一架超大的3D打印机,能打印长3米、宽1.5米、高1米的大型零件,而普通的3D打印机只能打印25立方厘米大小的东西。

最近来自美国旧金山的Divergent Microfactories(DM)公司推出了世界上首款3D打印超级跑车"刀锋(Blade)"。该公司表示此款车由一系列铝制"节点"和碳纤维管材拼插相连,轻松组装成汽车底盘,因此更加环保。

Blade搭载一台可使用汽油或压缩天然气为燃料的双燃料700马力发动机。由于整车质量仅为1 400磅(约合0.64吨),从静止加速到每小时96千米仅用时两秒,轻松跻身顶尖超跑行列。

电子行业

2014年11月10日,全世界首款3D打印的笔记本电脑开始预售,价格仅为传统产品的一半。这款笔记本电脑名为Pi-Top。

3D打印技术制作的裙子 ▲

服装服饰

许多女人深知,遇到一件很合身的衣服是很不容易的

事，用3D打印机制作的衣服，可谓是解决女人们挑选服装时遇到困境的万能钥匙。一个设计工作室已经成功使用3D打印技术制作出服装，使用此技术制作出的服装不但外观新颖，而且舒适合体。

这种被称作"4D裙"的服装，就像编织的衣服一样，很容易就可以从压缩的状态中舒展开来。创始人之一，并担任创意总监的杰西卡回忆说，这件衣服花费了大约48个小时。

这家位于美国马萨诸塞州的公司还编写了一个适用于智能手机和平板电脑的应用程序，这有助于用户调整自己的衣服。使用这个应用程序，可以改变衣服的风格和舒适性。

瘫痪治愈

还记得20世纪"超人"的扮演者克里斯托弗·里夫吗?银幕里,这位身高1米94、身材魁梧的"超人"有着健康的体魄,乐于助人的精神,总是披荆斩棘,救人于生死之间。然而在现实中,超人的扮演者里夫却因骑马时意外摔断颈椎,导致脊髓严重受损,余生将在轮椅上度过。

但"超人"永远拥有着钢铁般的意志,即使面临如此巨变,里夫也不曾放弃希望,他始终乐观地认为,随着科技发展,"终有方法治愈"。

可惜的是,里夫没能等到彻底治愈瘫痪的方法就不幸去世,但在未来的五到十年间,无数像里夫一样依靠轮椅生活的瘫痪患者,或许能实现这位"超人"未能完成的愿望——治愈瘫痪。

从"说出来"到"站起来"

想要治愈瘫痪,我们首先得了解瘫痪的病因。目前来

科普新知

看，许多瘫痪是由外力损伤脊髓而造成的，脊髓受损，从而打断了大脑向四肢发号施令的通路。

这就如，脊髓神经是一座桥，大脑在桥的一边，躯干在桥的另一边，脊髓受损就是桥断了，而且这个桥还特别精细，难以修复，导致两边联络不上，就出现了瘫痪的症状。

这时候怎么办？当然是重新建一座桥，把两边再次连接起来，也就是绕过损坏的神经，建造一个神经旁路。

综合治愈瘫痪的整个历程分为三个阶段：

第一个阶段是脑机互动，意识表达，也就是让失去说话能力的瘫痪人士比如渐冻症患者，能够实现用"意念"打字，操作方法主要是通过在大脑中植入电极，捕捉精准的电信号，并让电极与计算机通信，这个阶段自1998年始，医生在一个不能说话的瘫痪者的大脑中安装了一个电极，使其通过计算机实现了与人的交流。

第二个阶段则在第一个阶段基础上完成，即脑机结合，意识操控。也就是让瘫痪人士能够通过自己的意念来操控外接设备，比如机械臂等。

这两个阶段的成功都归功于近年来快速发展的脑机接口技术，人们可以先解码大脑信号，然后通过计算机枢纽，让大脑和外部设备相连，从而实现意识的表达以及意识操控机械。我们在已逝世的伟大科学家霍金所使用的机械设备中也能了解一二。

第三个阶段或许更接近瘫痪患者的想象，那就是用自己的双手重新握物，用自己的双足重新行走。也就是利用无线发射器将大脑中神经元的信号传递到躯干内的电刺激器中，使躯干能够活动。

而让瘫痪的下肢自己动起来，则是一项关键技术。人们先后在大鼠、猴子身上做过实验,让它们实现了站立和移动,但是,此项技术还未成熟,目前还无法运用在人类身上。

科幻地消灭瘫痪要分几步

即使我们目前的研究已经到了第三个阶段,但是要更好地帮助瘫痪者康复还是任重而道远。人们从椅子上起身,走出房间,关上门……这一系列动作,人们大概连想都不用想就能完成,但对于科学家们来说,这些简单的动作却有着十分繁杂的信息,这里最大的问题就是大脑解码,人们的脑电活动就好比是纷杂的信号海洋,科学家们必须要剔除无数干扰,才能找到控制下肢活动的关键信号。

目前,我们到达的第三阶段,所依赖的电信号仅仅能让躯干伸展和弯曲,还无法完成更精细的动作,比如捻起一根针。而对于下肢,我们更是难以改变它的运动方向,或是越过地上的障碍物。

其次,如果将这种无线控制的技术运用到人类身上,还必须考虑整体的问题,即如何让人适应直立行走时的身体平衡。

最后,瘫痪患者易出现长期不活动所引起的并发症,比如肺炎、骨折、血栓、皮肤破裂、肠道疾病等。最重要的是,长期的瘫痪患者的肌肉萎缩,肌肉弹性远远比不上正常人,如何避免并发症的出现,恢复患者的肌肉弹性也是治愈瘫痪时必须要思考的。

面对这样的情况,人工肌肉或许是一个好办法。目前,很多团队都在研究"人工肌肉"这一项目,这也被业内认定

为极具发展潜力。幸运的是，在中国，我们已经有了长足进步。

据南京大学官网消息，该校与斯坦福大学合作，利用配位键设计合成了一种高弹性的自修复材料，可以合成人工肌肉，且具有应变高、柔软性好、质轻、无噪声等特点。在将来，这个项目估计能为人工智能的仿生化助一臂之力。除此之外，这对于肌肉有缺陷的人们来说也是一个福音。

外部躯干问题有了解决方向，但最大的问题还是大脑信号的传达。我们要如何捕捉到百万单位的神经元活动细节？并且还要在大脑中足够深入，揭示出大脑处理感官输入信号的原理，并借此来打开控制感官输入的大门。

虽然观察大脑信号困难重重，不过最近莱斯大学发现了一种更好更直接的方式来观察大脑的信号。目前，该研究团队正在开发一种扁平化的显微镜，名字叫作FlatScope。它可以在我们的大脑中监视和触发被修改的神经元，并且在活动之后被激活。但其成效如何，还需观望。

感知拥抱的温度

瘫痪患者由于脊髓高度损伤，无法移动肢体，也无任何直觉，而不管是假肢还是"人造肌肉"，这些与外界接触的介质都是假的，缺乏真正的感知系统。即使利用了我们人体真正的躯干，但因为它是通过无线脑绕过神经系统的损伤刺激躯干里的体电子元件来实现运动，所以患者仍旧无法感受到身体的反馈。

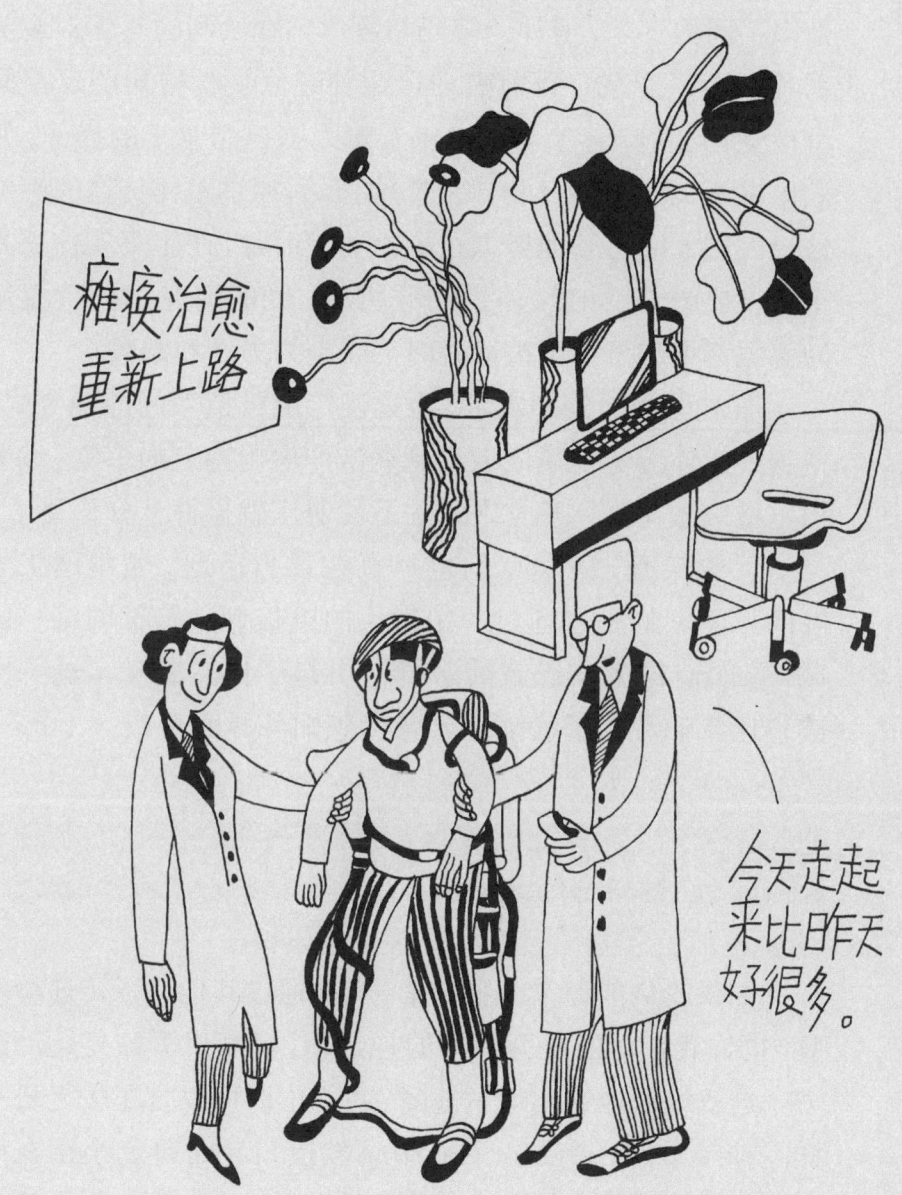

在实验中，尽管给予肌肉不同类型的刺激确实能给大脑带来不同的感觉，但神经编码与身体感知之间的具体对应关系我们还不清楚。目前唯一可让神经修复学使用的反馈只有视觉，这意味着参与者可以看着大脑控制躯干的操作，并做出矫正，然而，一旦物体被抓住，只有通过躯体传达的感觉信息人们才能巧妙地操纵这个物体。而且，产生真实体感是十分重要的，比如恋人的牵手，朋友之间的拥抱，恋慕、温情的感觉都依赖于躯干被触碰时感受到的力度和温暖。

面对患者的感知需求，通过确定电极植入的准确方式，使脑中躯体感觉皮质区域受到刺激产生出特定的感觉，编写出电极刺激与身体感觉之间关系的对应就显得十分重要了。

近些年来，科学家们也一直在致力于此，加州理工学院的科学家们曾经通过一组微小的电极刺激脑部的某一区域，首次使得瘫痪患者的手臂上引起了自然感觉。这一突破也让我们看到了瘫痪患者自然感知外界的希望。

让断掉的神经重生依旧是个难题

如果我们能记录大脑的信号，并通过其他途径传递给四肢，也许我们就能绕开断掉的神经，让瘫痪患者恢复运动能力。这就好像地铁出现了故障，我们依旧可以打车去上班一样。神经学家Gregoire Courtine教授领导的研究小组在瘫痪的猴子的大脑内植入一个图钉大小的电极阵列，用于感应大脑中指导腿部运动的神经元的活动。然后利用无线发射器将这些信号传递到一件为猴子特制的夹克上，当猴子想行走的时候，就会触发脊髓中的预编程序，使猴子重新行走。

下一步，也许就是在人体上的应用。利用类似的原理，许多科学家们打造了一系列"神经旁路"，将大脑与四肢重新连接起来。

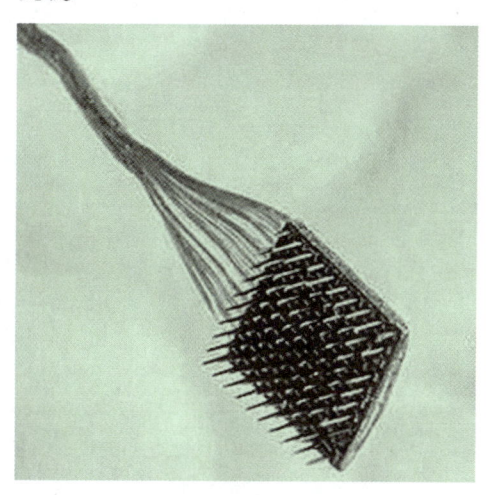
这个小电极，也许是治愈瘫痪的关键

早在10多年前，凯斯西储大学的Robert Kirsch博士就开始研究让瘫痪患者恢复运动能力的方法。研究人员在瘫痪者大脑的运动皮层植入两束硅电极阵列，每个阵列的电线通过颅骨的金属端口导出，连接到可以翻译信号的计算机。然后医生在瘫痪者的右臂和右手上植入16个精细电极。当瘫痪者脑部的信号发送到这些电极时，会引起不同肌肉收缩，完成肩部、肘部和腕部的运动。依靠这些电极的作用，瘫痪者可以抬起手臂，并实现手掌的张握，甚至可以把有吸管的杯子递到嘴边。

来自匹兹堡大学的研究团队带来了另一项引人瞩目的突破。他们在一名瘫痪患者的脑中植入了4个电极，其中2个位于运动皮层，使他可以控制机械手臂，另外2个则位于感觉皮层。经过一个月的训练后，这名瘫痪患者不但能运动手指，还能感觉到"手指"的触摸和压迫。

考虑到瘫痪患者恢复行走能力的不易，杜克大学的Miguel Nicolelis教授与其团队也开发了一套外骨骼系统。他们有一个大胆的计划——通过这套外骨骼系统，让患者恢复行走能力。这套系统利用"大脑-机器交互界面"，通过电极，将瘫痪者的大脑与外骨骼连接起来。当瘫痪者想走路的时候，电极就会把脑

科普新知

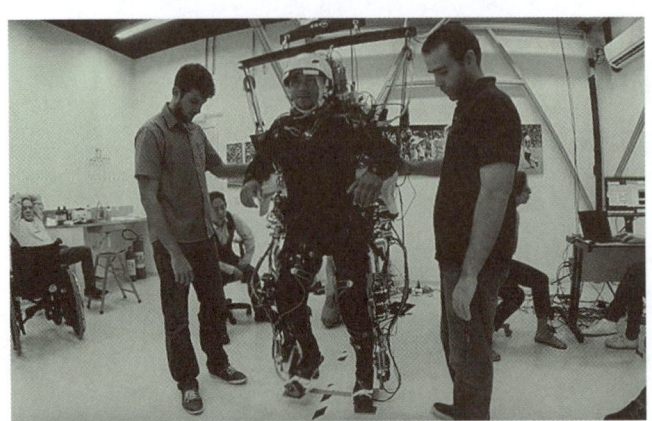

▼ 这套外骨骼,有望让瘫痪病人重新迈开步伐

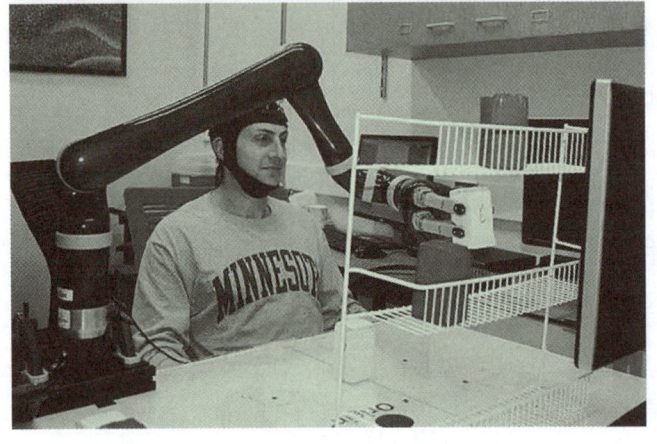

▲ 无需在大脑中植入电极,瘫痪患者就可以操纵机械臂

电波传给外骨骼,帮助患者行走。在早期试验中,四名瘫痪者能自主控制腿部运动,甚至恢复了部分腿部知觉。

明尼苏达大学的研究人员更是发明出了非侵入式意念控制机械手。人们不需要在大脑中植入设备,就可以通过意念控制外部的机械手臂,使机械手臂在复杂的三维环境中进行操作。这一设备采用脑电图的模式,通过一个有64个电极的头盔记录大脑活动的电子信号,然后通过信号处理和人工智能技术对这些信号进行解码,转化成特定的行动由机械手执行。

虽然这些技术未臻完美,但已经给许多瘫痪患者带来了曙光。我们期待着随着技术的进步,更多的瘫痪患者能恢复他们的日常生活。

未来的神经义肢——无线脑-体电子元件

墨尔本医学研究员发明了一个用念力遥控的装置,能使瘫痪患者遥控其义肢,帮助他们"重新上路"。

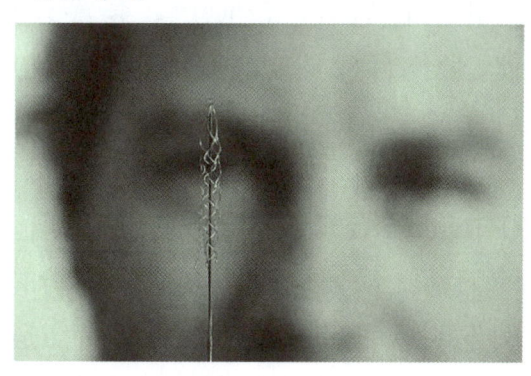

一种新型的无线脑-体电子元件——"仿生脊髓"

这个装置名为"Stentrode",体积非常小,原理是在脑部附近血管植入它之后,它会记录脑部活动,并将信息转化为电子指令。Stentrode被形容为"仿生脊髓",测试显示,它可以控制义肢。医生还说,人们运用它之后,只要用念力便可驱动轮椅。

研究由数个组织资助,包括澳大利亚国防健康基金会和美国国防部。团队计划在皇家墨尔本医院(Royal Melbourne Hospital)为小部份患者植入该装置。

科利研究所神经生理学家美克莱(Clive May)表示,该装置使患者有能力重新活动,此外,患者可慢慢学习如何用脑部以自己的方法控制装置。"我们做的是植入支架,一般是放在动脉并使之阔张。在脑部用来控制移动的运动皮层上的血管上用了同一技术,然后在其周围安装微电极。"

美克莱表示,此装置的最大优点,是不需要做主要的脑部手术,其他所有装置,都要做穿颅术将它们植入体内,即是要将头盖骨移开。这些装置在打入脑组织的过程中,有

可能造成损坏,使这部分脑部信息逐渐消失。所以,新型装置的一大好处,是可以在颈部通过一个小缺口植入,自动通过血管流到脑部。

美克莱同时表示,该技术仍要一段时间才能正式使用,但相信日后可广泛使用。装置只是用来驱动轮椅或外骨骼,最终目标是要能驱动患者的义肢,让他们行动更自由,可完成正常的生活。

皇家墨尔本医院主管、墨尔本大学教授奥拜仁(Terry O'Brien)表示,这装置是仿生学上的"圣杯",设计出能记录脑部活动而同时不会造成损伤的装置,是现代医学伟大的发明。它也可能用于脊髓受伤造成的各种疾病患者,包括癫痫症、帕金森症和神经系统疾病。

第一篇 解锁密码

 记忆移植

对大多数人而言，记忆移植听起来就像是科幻小说里的情节。然而，来自加州大学洛杉矶分校（UCLA）的一组研究人员，已成功将记忆移植变为现实。据美国广播公司报道，UCLA的科学家们通过注射核糖核酸（RNA），成功在海蜗牛身上实现了全球首例记忆移植。这一发现意味着，未来基于RNA的新疗法可能帮助人类恢复丢失的记忆，为将来治疗创伤后应激障碍和老年痴呆症铺平道路。甚至在未来，还能对记忆进行篡改，增强或是抑制大脑中的记忆。

最直接的记忆移植——"切割"

1997年4月，人类历史上第一次记忆切割移植，在美国加利福尼亚大学的动物神经研究所进行。实验对象是一条训练有素的德国纯种牧羊犬，绰号"天才"，颇通人性，具有丰富的情绪记忆。这次移植的是综合记忆——运动、情绪、

55

科普新知

形象、语词、逻辑等,视为记忆区域的整体移植,也是大脑部位切换最大的一次移植。

为了最大限度减少排异性,被移植对象选择了"天才"的亲弟弟——"白痴"。它生下来就被关起,没有任何外界接触,不进行任何训练,可谓"记忆空白"的动物。

手术成功后出现了奇迹:"白痴"醒来第一眼就在人群中找到了主人,并对主人的指定一一照办,而被更换后的"天才"则对主人视而不见,毫无反应。

1999年2月,美国亚拉巴马大学心理科技研究中心也进行了一次记忆切割移植实验,输入记忆的是因车祸损害大脑平衡的中学生凯利,输出记忆的是业余体操冠军西尼尔。

芯片植入成功后的凯利,能作出优美的体操动作——伸腰、踢腿、跑跳、空翻……几天后,记忆衰减,一星期后,他觉得自己已经不会任何体操动作了,但动作的协调性仍然比以前好,而最终取出芯片以后,凯利又同以前一模一样了。

记忆移植是可行的

老鼠改变天性

已经试验过的移植分两种:直接移植和间接移植。最早进行的记忆移植是直接移植——移植的是情绪记忆——一种已体验过的情绪为内容的记忆。

老鼠的本性是喜暗怕亮。1994年5月,英国科学家沃克斯利用多次的强烈刺激,使一只叫巴迪的雌性老鼠建立相反的情绪记忆——喜亮怕暗,然后再进行移植。

这种移植实验运用了"脑汁抽注法",成功地说明了记忆可以移植。

狗熊变海豚

1996年春天,在美国国防部军事生理研究中心,利用"芯片移植术",进行了一项"运动记忆移植"实验。

输出记忆的是海豚特德,研究者利用脑生物科技,对特德头脑中游泳动作记忆区域进行全面的探测,包括这一区域发出的特殊脑电波、存在的生物磁场、神经肽传递的信号等,然后把系列信息复制存储在纽扣大小的芯片上,植入美洲棕熊塔林的大脑运动记忆区,芯片通过电能释放存储的信息。

棕熊本来不会游泳,入水几十秒后,显示出游泳技巧,而且逐渐轻松,直至灵活自如。

1个月后,游泳动作开始缓慢,呛水次数越来越多,原来是芯片附带电池的电能已快耗尽,因为大脑血流量也会消耗电能,大大地减少了它的使用寿命。

而且,通过扫描,发现芯片上布满细小的神经和血管,无法取出芯片充电,3周后,棕熊完全丧失游泳能力,恢复如初。

3个月后,该研究所的另一次试验。一头叫"小笨蛋"的阿拉斯加小灰熊,被植入附加功率相当大的记忆芯片,因为电池电流过强,"小笨蛋"入水后异常笨拙,"判若两熊"。究其因,在其记忆区域,测得脑电波异常紊乱。

实验表明:芯片移植记忆,只能植入电流有限的芯片,保存的只能是运动记忆,保存时间相当有限。

关于虚假记忆的一个有趣科学实验

麻省理工学院的神经科学家们用光学及遗传学操作的组合在小鼠的脑子中植入了虚假的记忆,使得这些小鼠在一种完全不同的情况下回忆了某种在某一情况下所铸造的心智展现。研究人员说他们将虚假记忆移植到了老鼠的大脑里,并且这些虚假记忆和真实记忆所产生的记忆痕迹在本质上是没有差别的。这项研究发表在 *Science* 杂志上。

记忆力可能是不可靠的。实际上,仅仅是回忆这一行为就会让记忆变得不稳定而且易于更改。然而,到目前为止,人们对为什么这些心智的展现会因为外部刺激而变得模糊并产生全新的、似乎是准确的——但在某些情况下却完全是虚假的——记忆则一直不清楚。

麻省理工学院 Picower 学习和记忆中心研究员、该研究的主要负责人 Susumu Tonegawa 教授说:"大脑唤醒虚假记忆和真实记忆的潜在机制是相同的。"该研究还进一步证明了 Susumu Tonegawa 教授发现的一个现象:记忆存储在神经元网络中形成记忆痕迹。

一直以来,神经科学家们都在寻找这些记忆痕迹的位置。Susumu Tonegawa 教授的研究团队发现,可以利用光遗传学手段识别和激活储存特定记忆形成记忆痕迹的细胞。

记忆是由对象、时间和空间等几个相关联的元素构成的。大脑一旦受到刺激,神经元就会发生物理和化学上的变化,神经元之间的联系总量也会增强。这些变化痕迹保留下来,记忆由此形成。

科普新知

Susumu Tonegawa教授说,这些记忆痕迹究竟储存在哪里?这个问题一直困扰着神经科学领域的科学家们。是储存在大脑不同的区域,还是大脑中存在一个特定的区域存储这些记忆痕迹呢?

早在1940年,加拿大神经外科专家Wilder Penfield就提出,这些记忆痕迹可能存储在大脑的颞叶。Wilder Penfield用电刺激大脑颞叶细胞治疗癫痫患者后,这些患者称他们突然出现了一些特定的记忆。后来,一项针对失忆患者的研究显示,大脑中的海马体作为颞叶的一部分对记忆的形成发挥着重要的作用。

然而,这些研究都不足以证明,海马体就是存储记忆痕迹的特定区域。要想证明这一点,必须有证据表明激活海马体中特定的细胞群足以存储和唤醒记忆。所以,Susumu Tonegawa教授的研究团队借助利用光遗传学技术选择性地使细胞活化或失活,以求作进一步研究探讨。

紫红质通道蛋白(channelrhodopsin)是一种光敏感蛋白,当收到光刺激时,它可以活化细胞。c-fos蛋白是记忆形成所必需的蛋白。研究人员将这两种蛋白的基因转移到老鼠的海马细胞中。

科研人员将老鼠置于第一个特定的空间(蓝色框),大脑细胞将这个环境作为记忆进行存储,紫红质通道蛋白将这些细胞进行标记(白色圆圈)。不给予任何刺激。第二天,再将这些老鼠放入第二个它们从未接触过的空间(红色框),并且给予光照刺激活化之前被标记的细胞,同时给予一个轻微的足部刺激。后来,当把老鼠放回第一个空间(蓝色框)时,老鼠表现出了恐惧感。这表明,老鼠已经对第一个特定空间产生了虚假的恐惧记忆。

杏仁核是大脑中的情绪中心，其可以接收海马细胞传递的恐惧情绪的信号。研究人员发现，虚假记忆被唤醒后，杏仁核中神经活动水平也显著提高。目前，该研究小组计划进一步研究记忆在大脑中是如何被扭曲的。

下一步将研究抹除记忆方法，这一研究对记忆的理论研究和实际应用方面都有潜在影响。理论方面，研究人员将能以前所未有的程度从细胞水平剖析记忆机理。研究的第一作者刘旭说："与以前将大脑当作黑箱，由外而内地研究相比，我们的方法可以说是突破性的由内而外地研究大脑和记忆的机制。"在实际应用方面，这一研究可帮助阐明人类错误和虚假记忆的机理，比如目击证人由于虚假记忆造成的错误口供等。"人的记忆并不像一张照片，一旦形成就不会改变，"刘旭说，"相反，我们的记忆会不断地随着我们的回忆过程而改变和扭曲。但我们很少会有意识地怀疑记忆的准确性，因为对于我们个人而言，在没有外在固定参照的情况下，我们的记忆就是唯一的事实，因此我们有可能会产生并坚持一些错误的记忆。"

移植记忆的我，是否原来的我？

虽然科学家的设想目前仍存在于实验室，但如果真的有一天记忆可以移植，又会引发一些新的问题。如何确定被移植的记忆就是原本想要被复制的部分首先就是一个难题。除了技术上存在不确定性，记忆移植也会带来伦理和道德争议。美国得克萨斯大学奥斯汀分校一个研究小组曾进行过一项研究，以确定人死后是否有可能通过移植记忆

科普新知

来保留身份。

研究人员称,可以从死者大脑提取信息,但只能通过特定形式将其转移到另一个生命体内。然而这一问题在道德方面存在争议,毕竟接受死者精神及智力遗产的人或许会用不合理的方式来处理这些信息。因此在将死者个人信息移植到另一个人身上之前,必须先研究"接受者会是谁"这一问题。处理死者的记忆信息尚且如此审慎,移植活人的记忆要考虑的问题就更多了。

科学家曾在英国和美国做了一项调查。他们向大约1 000人介绍"虚构记忆疗法",然后征询意见。在这个治疗方法里,肥胖患者来看医师,寻求专业治疗,期望能减肥。在事先不知情的情况下,医师直接在患者的脑海里植入了一段虚构的童年记忆,这段记忆是关于患者童年时吃高脂肪食物恶心,并产生厌恶情绪的感受。几个月后患者减肥成功,又过了一段时间,医师向这名患者揭开了真相。那么这种植入虚构记忆的治疗方法,你能接受吗?

通过对200名参与者进行深度访谈,科学家发现,如果人们认为良好的健康状况,远比新技术带来的不安忧虑更为重要,就会支持"虚构记忆疗法"。并且有些人希望自己能受到这样的治疗,或者为爱人、家人提供这种治疗。对这些人来说,"虚构记忆"似乎远远比不上健康的身心那么重要。

当然,也有一些人表示完全无法接受"虚构记忆",他们的理由多种多样,但至少有一点是相同的,就是觉得移植记忆很邪恶。首先,医师对患者撒谎,这本身就不道德。而且,如果假以时日,渐渐地记忆移植被用于某种邪恶目的,我们又该如何挽回?比如在国家机构表决投票时,利用记忆移植操控持异议者，那么表决结果还可靠吗？最令人不安的是，记忆移植后，我们将不再是纯正的我们，我们的生活经验也不再是我们的。移植的记忆会剥夺我们的自由意志，改变我们自身的真实性。毕竟我们自身的存在，与脑海里的记忆息息相关。我之所以是我，在很大程度上就因为我的经历和记忆。

不论怎样反对，科学总会发展。但是有一点我们应该能确定，假如记忆可以移植，我们该思考自己希望成为一个什么样的人？

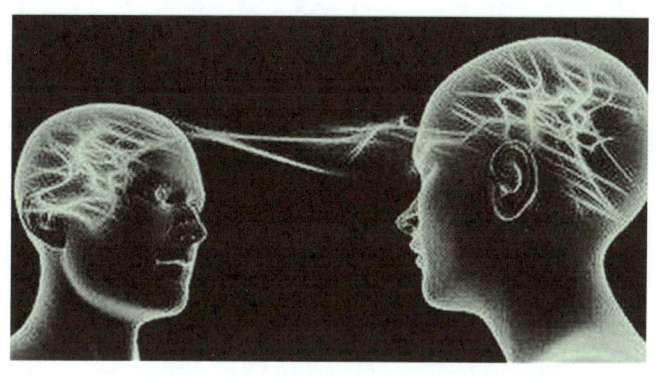

假如记忆可以移植，你最想看到什么 ▲

第二篇 改善生活

便利·服务

生育率的降低和平均寿命的延长让老龄化问题越来越严重，老年人护理人员的需求也越来越大。科学技术的现代化将"智能养老"的概念推向前台，以缓解传统类型护理人员的陪护压力与成本开支。近些年来，"智能空间与智能生态圈"的兴起使得行动不便的老年人也能相对独立地完成日常衣食住行中的绝大多数活动，并且安全系数有充分保障。想象一下，在家有护理机器人看护，出门有可穿戴设备防走失，出行有无人驾驶汽车服务，周边生活有智慧城市提高效率，购物有刷脸支付省去现金支付和手机支付的烦琐，电子设备使用无线充电摆脱对充电环境的限制，未来的老年生活似乎并不孤单……

护理机器人

在2004年的电影《我，机器人》中，主角戴尔·斯普纳（由威尔·史密斯扮演）在祖母家的房子里发现了一个正在烘烤馅饼的机器人，这在当时引发了许多人的幻想：未来的某一天，或许我们能买到一个家政服务机器人，它能像人一样帮助我们完成全部家务。

14年过去了，我们没有做出那么智能的机器人，但对商场上热销的扫地机器人却非常熟悉。扫地机器人体积小、功用单一，功能设定简略也意味着它更容易被规划和布置，跟着时间的推移，这种简略机器人的市场保有量也会不断增加。

而专门针对老年人的护理机器人则复杂得多，它不仅功用完善，也在一定程度上满足了许多人道需求。老年人无论是被子女送进养老院，还是搬到子女身边一起过日子，他们很大程度上都可能会逐渐丢失独立性和自主性，这使老年人在心理上略显失衡。他们和其他人一样，需要吃饭、洗澡、穿衣、出行……生理机能的衰退使得他们在做一些动作时都不那么随心所欲。他们需求一个机器人帮他们处理

日常事务,如帮忙煮饭、配药、洗衣服,甚至送他们去医院。

护理机器人的市场在不断扩大

护理机器人在国外的发展现状

机器人在医疗及家庭健康护理的应用,被视为机器人产业最具有爆发力的新市场。护理机器人产值约占总体机器人产业的10%,仅次于军事、农业与建筑用机器人,总体产值排名第4。全世界正在使用中的专业护理机器人有1万多台。

根据市场调研可知,护理机器人主要有五类品种:复健辅助、医疗支援、心灵抚慰伴侣、家庭健康护理和医疗手术机器人。

国外护理机器人的发展比国内早很多年,这一机器人雏形早在20世纪40年代就已出现,但当时研究的机器人离提供护理服务功能还差得很远。真正出现具有护理服务功能的机器人是在40年之后的20世纪80年代。20世纪90年代后,多个国家都进行了各有特点的研究,出现了多种多样的护理服务系统,例如能够补偿行走能力的智能轮椅、残疾人用智能护理床、帮助患者恢复健康的机器人系统等。

1. 欧洲的护理机器人:在20世纪70年代中期,法国旨在帮助高位截瘫患者的Spartacus操作手项目和德国Heidelberg项目开启了服务机器人新篇章。英国在70年代末,采取了一系列的措施支持机器人发展,鼓励机器人的研究与应用,迎来了服务机器人研究发展的兴盛时期。1982年,荷兰研制了装在茶托上可以喂饭、翻书的实验用机械手RSI,为1984年的轮

椅机械手Manus投入生产使用奠定了基础。

2. 美国的护理机器人：美国是最早研究和生产护理机器人的国家，是多种机器人的发源地，拥有大批全球一流的机器人设计、制造公司。

进入20世纪80年代之后，美国政府和企业界才对机器人真正重视起来，鼓励机器人研发，制定发展计划，提高投资，在市面上推出了相当数量的服务机器人产品。

1984年，护理机器人的典型代表——机器人HelpMate面世。这是一种全自主移动机器人系统，上面安装了多种传感器，拥有避障功能和自主导航功能，可以通过人机界面操作指定目的地，完成运送药品、食物、医疗记录等任务。Helpmate会开门，可以乘坐电梯。

1985年，"护士助手"机器人开始研制，并在1990年投入生产销售，在世界各国几十家医院中使用。它可以为患者创造便利：送病历、送饭，也可以成为护士的小帮手：运送药品、医疗设备等。

3. 日本的护理机器人：日本素有"机器人王国"的美誉，娱乐机器人、导游机器人、清洁机器人等多种机器人广泛参与人们生活的方方面面。日本的护理机器人和其他国家相比，产量大、功能多、应用范围广。日本已将推动家用机器人发展定为国策，并制定了"技术战略蓝图"，对机器人发展作了规划。

日本自20世纪60年代引入美国的机器人及其技术，经过七八十年代的发展后，日本的老龄化发展趋势明显，日本政府开始高度重视护理机器人的研发。日本经济产业省发布的"国家技术战略规划"预测，护理机器人将逐步走入普通家庭生活。除了政府的重视，日本大批制造研发公司纷纷开发护理机器人，建立机器人的自动化生产线，成为物流、仓储自动化设备集成供应商。日本机器人协会估测，日本国内机器人市场份额在2025年将达到9 310亿日元，主要集中于医疗护理和福利服务领域。协会希望在社会老龄化问题变得严峻时，智能设备能够为老人服务。

2005年，为了给高龄老人提供生活支援，日本一公司开发了"陪伴型"和"识别型"两款家用机器人。这两款机器人通过内置多个麦克风，采用先进的影像和声音识别技术，实现了机器人可以理解用户命令以及自动跟随用户的功能。

4. 韩国的护理机器人：韩国拥有高自主知识产权的机器人技术并启动国家级战略发展机器人，将服务机器人作为发展重点。韩国对服务机器人技术给予了重点扶持，并将智能服务机器人确定为21世纪推动国家经济增长的9个新增长引擎之一，力求使其成为新的经济增长点。为此韩国政府联合企业、高校、科研人员，集众力量研究服务机器人的设计和开发工作，并掀起了发展服务机器人的潮流。韩国科学家研制出的类人机器人——安卓机器人，具备实时数据传输、声音图像力量感应器、高速处理器等技术，具备测距、声音识别、处理指令信号和与周围环境互动等功能。

护理机器人在国内的发展现状

我国在服务机器人领域的研究起步较晚。前几年，我国在"863"计划的支持下，对于服务机器人的研究发展已经开展大量工作，并取得了一些成绩。除了国家支持，各企业、高校纷纷组建研究队伍，各领域机器人的研究成果逐渐丰硕起来。目前，我国开发研制的服务机器人主要有医疗机器人、清洁机器人、娱乐机器人等。如中国科学技术大学

机器人团队的"可佳"可以为人们烹饪食物,哈尔滨工业大学研制的智能服务机器人可以为患者倒水喂药、与患者进行简单的交流、唱歌跳舞。

2008年,中国台湾某大学开发了居家照护智能机器人"ROLA"。ROLA拥有语音识别能力和对话能力,能够识别人脸并且定位用户位置,时时陪伴用户。该机器人能够识别室内环境,具有避障功能。此外,开发团队正在研究机器人的扶持功能,以便让老年人按照自己的意志扶着该机器人行走。

2010年11月,中国大陆首台个人卫生护理机器人研制成功。这台护理机器人主要运用基于模糊理论的智能控制、人机工程学等技术为行动不便的老年人、残疾人提供全套洗浴服务。

2011年3月,上海交通大学机器人实验室研究开发了"交龙"机器人。"交龙"机器人适合无人照顾的老人和福利院使用,通体白色,体前有可操作的电子显示屏,具备提醒老人吃药、取药、端水功能。它不仅可以服务于老人,还可以担任商场、展览馆的迎宾、导游等。

除了这些,国家康复辅具研究中心也带头研发了很多国内尖端产品,例如矫形假肢器、三体位智能轮椅以及服务机器人等。目前我国在服务机器人的发展上虽有进步,但与发达国家仍然存在差距。

护理机器人5年内就要进入养老院

由都柏林圣三一学院的Conor McGinn教授领导的一

个机器人工程师小组日前公布了一个名为Stevie的机器人,如果一切按计划进行,那么在不到五年的时间内将会被引入养老院。

McGinn说,与传统的机器人进步观点不同的是,像波士顿动力公司这样的机器人可以展示出非常灵巧的机器,而Stevie则有更简单的用途。大多数机器人开发是用来展示这项技术能做什么,但护理机器人关注的则是服务对象的需求是什么。

并不是所有的机器人都能取代人类的工作。Stevie希望可以做些单调的工作,包括照顾老年人和残疾人,以及那些患有痴呆症等疾病的人,让护理人员可以更自由地专注于工作中的个人部分。机器人还可以做一些人类现在没有时间做的事情,比如进行持续不间断的安全检查,同时允许他们保留自己的隐私。

Stevie外观设计看起来有点像人类,有手臂和头,但有轮子。它可以与人一起行动,完成一些以前是由人来完成的任务。给机器人提供这些功能,可以帮助人们意识到他们可以对它说话,也可以要求它为他们做事。

Stevie可以自主执行部分工作,例如提醒用户使用药物,其他的任务涉及与人类的互动。如果传感器检测到房间内的用户可能跌倒,没在这个房间的人也可以控制机器人,让它检查是否属实,必要的话联系紧急服务。

Stevie还可以帮助用户保持社交联系。头部的屏幕可以进行Skype通话,调节室内温度和光线水平,这些任务有助于保持居住者的舒适感。不过这并不意味着我们不再需要人类的看护,因为机器人还是无法洗衣服或穿衣服。相反,我们正在努力开发能够帮助和补充人类护理的技术,希

名为Stevie的机器人亮相国际会展

望将人类的同情心和决策与机器人的效率、可靠性和持续的操作结合起来。

未来可能会开发出能帮助做更多任务的护理机器人，比如帮助用户起床。但这些工作同时也给用户安全带来了风险，研究人员需要做更多的工作来实现这一点。

Stevie会给护理人员以及老年人或残疾用户带来便利。一名专业的护理助理的工作要求很高，通常需要在工作场所长时间工作，经常人手不足，而且这个行业工作满意度极低。在美国，每年有超过35%的护理助理离开工作岗位。

通过做一些常规工作，机器人可以让护工有更多的时间与人接触。当然，并不是所有年纪大的或有残疾的人都需要一个机器人。而且已经有了一些可以负担得起的智能技术，可以通过控制语音指令的设备或在发生事故时通知护理人员来帮助人们。

在开发过程中做出的另一个重要决定是，与其他商业机器人不同，Stevie的价格不能高得令人望而却步，因为那些需要它的人并不是最有钱的那群人。

要做到这一点，最明智的做法是看一看基于服务的模式，即人们在一段特定的时间内租赁它。在家中出现一氧化碳中毒的受害者的情况下，Stevie将能够进来检查他并提醒紧急服务。

但对很多人来说，这种技术仍然非常有限。例如有听力问题的人如何使用传统的智能中心，像亚马逊Echo这种专门通过音频信号进行通信的设备。如果有人摔倒了，他们无法在可穿戴设备上按下紧急呼叫按钮。

Stevie克服了这些问题，因为它可以以多种方式进行交流。它可以说话，做手势，在屏幕上显示面部表情和显示文字。它遵循了通用设计的原则，因为它的设计是为了适应尽可能多的用户需求，而不仅仅是能够满足大多数人的需求。

研究团队希望能在两年内推出一个新版本的Stevie。需要改进设计，决定和开发新功能，并确保它符合主要规则。所有这些都需要通过广泛的用户测试来指导。

老年护理机器人是新的科技蓝海

日本预测，"养老服务"机器人市场在20年内将上升到37亿美元。目前市场需求约为1.55亿美元，将会有24倍的潜在增长。这些专注于家庭护理的类人机器人也可能会为地方当局日益增长的老年人护理社会节约不少开支。

对于家庭护理行业，每个老年人每年平均成本是32 702英镑。而机器人的投入成本是一次性的，伴随着定期的软件升

科普新知

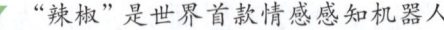
"辣椒"是世界首款情感感知机器人

级,机器人的使用寿命至少为5年。

在东京举办的世界机器人展上,同法国女仆式机器人和跳舞机器人一同展出的是老年人护理机器人系列。在展会上接待来访的是日本备受吹捧的新的情感感知机器人,这是由亚洲银行软银集团推出的取名为"辣椒"的机器人。

这款外形酷似小孩的类人机器人可以分辨人的喜怒哀乐,并会做出相应的回应:例如,它会唱首歌给你,让你立刻振作起来。它还可以引导中老年人做练习,并给老年人布置一些任务如安排他们练习识别颜色。第一波产品1 000台"辣椒"已经开始对外销售,一分钟内售罄。

机器人行业之火,甚至连丰田和松下也在测试是否能完成一些简单任务,如关灯或取水等任务的远控机器人。展会还设有东京的一家名为Innophys的公司展出的一款名为肌套装的机器人产品,这款类似于马甲的产品,穿在身上可以帮助人们拎起重物。它的外骨骼传感器可以监测到肌肉的运动,并将人体承重转移给机器人。

日本已经有60名建筑工人试穿了这种传感器外套,帮助他们更轻松地举起重型设备,使得他们的工作寿命延长了10年。

护理机器人的社会接受程度其实并不高

虽然护理机器人将会给社会带来诸多福利,但数据显示:现阶段人们对于护理机器人的接受程度并不高。欧盟委员会(EC)曾进行过一项覆盖27个欧洲国家的调查:超过50%的人想要国家禁止护理机器人,将近90%的人表示如果真的由机器人来照顾他们的老人或孩子,他们会感到不知所措。

那么,我们要如何增加机器人的接受程度呢?首先,当然是要让人们认识到机器人是安全的。然而,虽然安全甚是重要,但还不够,我们还需要让人们知道机器人能够考虑患者的隐私、自由和社会关系,减轻患者的压力。

很多人在考虑护理机器人的使用时,会将道德评价考虑在内。因此,随着机器人的认知、行动能力的提高,它们需要做出自主的道德评价。研究表明:机器人的自由程度越高,它们越需要道德标准,特别是在它们接触弱势群体时。换句话说,护理机器人在照顾老人时,需要做出相应的道德评断。

让护理机器人拥有道德评判标准将会让更多患者和专业护理人员接受它们。研究表明:如果我们对机器人的道德行为缺乏信任和关注,那么我们将不会接受它们。因此,很多研究团队已经想出了一些办法,来赋予机器人道德准则。现阶段,这方面的研究还处于早期阶段。但是,研究一直在发展,业内人士也预测此领域未来几年将会有巨大的进步。

在确定了机器人道德标准的重要性后,我们就需要选

择适用的道德原则。首先，很多专家建议从一些现有的道德原则选取机器人的道德标准。另外，一些业内人士也认为机器学习技术也适用于护理机器人的道德标准。不过，这两种方法都有自己的限制，并且迄今为止没有产生令人满意的结果。

　　而第三种方法则更加实用。我们相信最好的方法来自实践，因此机器人应该直接询问它们的接触者（比如患者、患者亲属、护理人等），换句话说，机器人应该以用户为导向。这种方法的优势之一就是直接让用户参与机器人的设计。事实上，在很大程度上，现在对于机器人的道德标准讨论得较多的人群仅限于学术界人员、工程师和法律工作人员。但是说到底，使用机器人的还是用户们，因此我们需要与之有直接接触的人来参与设计。

可穿戴设备

可穿戴健康设备是随着可穿戴设备的产生发展而逐渐衍生出来的一个分支。1960年以来,可穿戴式设备逐渐兴起。到了70年代,发明家Alan Lewis打造的配有数码相机功能的可穿戴式计算机,能够预测赌场轮盘的结果。

1977年,Smith-Kettlewell研究所视觉科学院的C.C.Colin为盲人做了一款背心,他把头戴式摄像头获得的图像通过背心上的网格转换成触觉意象,让盲人也能"看"得见,从广义上来讲,这可以算是世界上第一款可穿戴健康设备。

EVERY实验室认为,健康领域才是可穿戴设备应该优先发展的领域,可穿戴健康设备本质是对于人体健康的干预和改善。可穿戴设备也正从"信息收集"向"直接干预"发展,它针对的是城市人群各种常见病,例如:随时随地给颈椎做个放松按摩,甚至直接干预脑电波助人睡眠。在此方面,国外的melon以及国内的EVERY都提出了自身的创新产品。

优良的可穿戴设备应当佩戴舒适,甚至无感。想做到

完全无感,对现在的可穿戴健康设备还是天方夜谭。但是尽量做到轻便小巧,则是所有企业的努力方向。可穿戴健康设备和专业医疗设备相比,虽然效果不及专业设备,但其优势就在于可以方便地、随时随地对身体进行保健治疗,对于预防、缓解疾病有很大优势。

优良的可穿戴设备使用过程不应干扰正常生活。消费者不能接受需要专门花费时间、不断挑战自己耐心的健康设备。所以,可穿戴健康设备在设计上应该充分考虑,不要影响使用者的正常生活、工作。

优良的可穿戴设备外观应适合使用场合和环境。有时候,可穿戴设备并不可能"隐形",但是,如果这些设备的外观足够贴合环境,甚至足够酷,那么用户也不介意戴着这样的设备"招摇过市"。

小巧的可穿戴设备集中搭载了一系列高精尖技术

可穿戴设备中的无线传输技术

WiFi是如今的智能设备中使用最为广泛的一项技术,有良好的发展前景。WiFi使用的协议已经发展到802.11ac,理论上的传输速度最高可达到1Gbps。然而,随着硬件水平的不断进步,可穿戴设备的外观更加简洁、轻便,处理芯片也逐渐朝高性能低功耗的趋势发展。在这种情况下,移动智能设备已然成为连接一切的枢纽。因此,将可穿戴设备连接到功能强大的智能手机或平板电脑进行数据处理和云端共享变得尤为重要。

蓝牙同样也是一项较为普遍的无线连接技术，支持短距离范围内的通信，其数据速率为1Mbps。蓝牙技术最大的优势是它几乎不占用空间，可随意地集成到各种可穿戴设备中，却不会对外观和结构的设计造成压力。它凭借低廉的成本和高效的传输能力，让可穿戴产品的市场需求从小众转变为主流，从新潮转变为实用。

除此之外，无线传输中还有一项非接触式识别的NFC技术，即近场通信。NFC技术相对于蓝牙而言操作更简易，配对效率更高。在云计算的时代，人们的日常生活、社交娱乐等所产生的数据都将通过智能手机这个媒介，而NFC便成了一个能够代替公交卡、银行卡、门禁卡等感应卡片的存在。不仅是手机，现如今许多智能可穿戴设备都争相融入NFC技术，因为它具有两大深受人们青睐的实用功能——一是移动支付，二是近距离共享数据。

总的来说，无线技术已经在当前的智能穿戴领域中占据不可或缺的地位。在未来，只要在集成方面不存在冲突，那么多种无线技术也将长期共存，因为每种技术都有其最佳的使用场景。不过相对而言，蓝牙Smart（4.0版本以上的低功耗蓝牙技术）和WiFi将在穿戴式应用中更具优势。

可穿戴设备中的传感技术

可穿戴设备上的数据不仅源自触屏端或是其他输入设备，更多的是调动起自动采集与监测的功能，来获得用户活动的数据，以及外界环境变化产生的数据。因此，其中最核心的便是传感技术。

就拿最常见的运动手环来说，最初仅仅是利用加速度传感器来计步，但是随着各种各样的传感器不断植入，它的功能也丰富了许多。

例如，GPS技术可以通过卫星定位，记录用户的地理位置、运动轨迹等；如今，运动手环最大的卖点之一便是健康监测功能，所以光学心率传感器的应用也越来越广泛，它可以使用LED发光照射皮肤，血液吸收光线产生的波动来判断用户的心率水平，实现更精准的数据分析；然而，生物电阻抗传感器的功能则更加详细、全面，它可通过生物自身阻抗来实现血液流动监测，并转化为具体的心率、呼吸率以及皮反应指数；皮电反应传感器是一种先进的生物传感器，通常装载在一些需要检测汗水的设备上。由于人类的皮肤是一种导体，当开始出汗时，皮电反应传感器便开始测算，这便能从其他的参数方面检测运动的情况。

显然，有了传感器的助力，可穿戴设备能够进一步了解使用者的生理机能，掌握更深层次的身体变化，并且将收集到的数据通过算法分析后成为真正可以引导健康生活的有价值的内容。

可穿戴设备的七大交互技术

1. 骨传导交互技术

骨传导交互技术主要是一种针对声音的交互技术，将声音信号通过振动颅骨，不通过外耳和中耳而直接传输到内耳的一种技术。骨传导振动并不直接刺激听觉神经，但它激起的耳蜗内基底膜的振动却和空气传导声音的作用完全相同，只是灵敏度较低而已。

在正常情况下，声波通过空气传导、骨传导两条路径传入内耳，然后由内耳的内、外淋巴液产生振动，螺旋器完成感音过程，随后听神经产生神经冲动，呈递给听觉中枢，大

脑皮层综合分析后,最终"听到"声音。简单说来,就是我们用双手捂住耳朵,自言自语,无论多么小的声音,我们都能听见自己说什么,这就是骨传导作用的结果。

骨传导技术通常由两部分构成,一般分为骨传导输入设备和骨传导输出设备。骨传导输入设备,是指采用骨传导技术接收说话人说话时产生的骨振信号,并传递到远端或者录音设备。骨传导输出设备,是指将传递来的音频电信号转换为骨振信号,并通过颅骨将振动传递到人内耳的设备。

目前在智能眼镜、智能耳机等方面,骨传导技术是比较普遍的交互技术,包括谷歌眼镜也是采用声音骨传导技术来构建设备与使用者之间的声音交互。

2. 眼动跟踪交互技术

眼动跟踪,又称为视线跟踪、眼动测量。眼动追踪技术是一项科学应用技术,通常由三种追踪方式:一是根据眼球和眼球周边的特征变化进行跟踪,二是根据虹膜角度变化进行跟踪,三是主动投射红外线等光束到虹膜来提取特征。眼动追踪技术是当代心理学研究的重要技术,已经存在着相当长的一段时间,在实验心理学、应用心理学、工程心理学、认知神经科学等领域有比较广泛的应用。随着可穿戴设备,尤其是智能眼镜的出现,这项技术开始被应用到与可穿戴设备的人机交互中。

眼动跟踪交互技术的主要原理是,当人的眼睛看向不同方向时,眼部会有细微的变化,这些变化会产生可以提取的特征,计算机可以通过图像捕捉或扫描提取这些特征,从而实时追踪眼睛的变化,预测用户的状态和需求,并进行响应,达到用眼睛控制设备的目的。

通常眼动跟踪可分为硬件检测、数据提取、数据综合3个步骤。硬件检测得到以图像或电磁形式表示的眼球运动原始数据,该数据被数字图像处理等方法提取为坐标形式表示的眼动数据值,该值在数据综合阶段同眼球运动先验模型、用户界面属性、头动跟踪数据、用户指点操作信息等一起被综合实现视线眼动跟踪功能。

3. AR/MR交互技术

增强现实(AR)是指在真实环境之上提供信息性和娱乐性的覆盖,如将图形、文字、声音及超文本等叠加于真实环境之上,提供附加信息,从而实现提醒、提示、标记、注释及解释等辅助功能,是虚拟环境和真实环境的结合。混合现实(MR)则是计算机对现实世界的景象处理后的产物。

AR/MR技术可以为可穿戴设备提供新的应用方式,主要是在人机之间构建了一种新的虚拟屏幕,并借助于虚拟屏幕实现场景的交互。这是目前智能眼镜、沉浸式设备、体感游戏等方面应用比较广泛的交互技术之一。

4. 语音交互技术

语音交互可以说是可穿戴设备时代人机交互最直接,也是当前应用最广泛的交互技术之一。尤其是相关语音识别与大数据技术的逐渐成熟,给语音交互带来全新的契机。新一代语音交互的崛起,并不是识别技术上取得了多大的突破,而关键是将语音与智能终端以及云端后台进行了恰到好处的整合,让人类的语音借助于数据化的方式与程序世界实现交流,并达到控制、理解用户意图的目的。前端使用语音技术,重点在后台集成了网页搜索、知识计算、资料库、问答推荐等各种技术,弥补了过去语音技术单纯依赖前端命令的局限性。

语音交互技术的应用分为两个发展方向：一个方向是大词汇量连续语音识别系统，主要应用于计算机的听写机；另一个重要的发展方向是小型化、便携式语音产品的应用，如无线手机上的拨号、智能玩具等。当然，目前还没有充分普及的关键因素是语音识别的抗干扰能力还有待加强，多语境下的识别还有待完善。

5. 体感交互技术

体感交互技术是指利用计算机图形学等技术识别人的肢体语言，并转化为计算机可理解的操作命令来操作设备。体感交互是继鼠标、键盘和触屏之后新的人机交互方式，也可以说是可穿戴设备趋势下带动起来的一种人机交互技术。

肢体，包括手势交流是人的本能，在学会语言和文字之前，人类已经能用肢体语言进行交流。其实手势交互技术的存在已经有相当长的一段时间，在过去30年，研究人员一直在研究基于肢体语言的交互系统。因为肢体语言在日常生活中最为频繁，便于识别。只是之前所有基于肢体语言的研究主要以手势识别为主，而对身体姿势和头部姿势语言较少。随着可穿戴设备，尤其是智能服饰产业以及体感交互优势产业的发展，可以说体感交互将成为可穿戴设备不可或缺的人机交互技术。

其中尤其以手势交互最具代表性，手势识别是利用各类传感器对手部/手持工具的形态、位移等进行持续采集，每隔一段时间完成一次建模，形成一个模型信息的序列帧，再将这些信息序列转换为对应的指令，用来控制实现某些操作。随着各项技术的成熟和传感器的发展，手势识别已经进入可用性阶段，各类产品和解决方案也开始涌现。

6. 触觉交互技术

触觉交互是目前可穿戴设备产业中比较新的人机交互技术，对人机之间的信息交流和沟通方式将产生深远的影响。触觉可谓是人体一切的感觉之母，是人类与外界交流，并感受外界的重要通道之一。软硬、冷暖、粗细，以及物体形状等信息，都可以在触摸中感知，人类更复杂的情感交流也可以通过触摸实现。触觉交互研究如何利用触觉信息增强人与计算机和机器人的交流，其领域包括手术模拟训练、娱乐、机器人遥控操作、产品设计、工业设计等。触觉交互目前在沉浸式智能产品中有了一定的应用探索，将会是未来人类在虚拟现实中"真实"地感知外界的一种关键交互技术。

7. 脑波交互技术

脑波交互也可以理解为意识控制技术，这项技术在目前已经有了一定的探索，但还没有得到比较广泛的应用。可以说脑波交互技术将会是可穿戴设备产业的终极交互方式，不仅构建了人与设备之间，同时也是构建人与人之间的一种新的沟通方式。未来，我们借助于脑波交互技术，人与人之间将会达成充分的"默契"。同样，人与设备之间也将构建出一种新的人机交互方式，这种交互方式可以说是可穿戴时代的终极交互方式。

用户隐私和安全始终是避不开的话题

随着可穿戴设备收集越来越多的敏感信息，并逐渐成为全面的数字自我，隐私和数据安全将变得至关重要。特

别是在涉及医疗数据的情况下，消费者将要求最高级别的数据安全保护，而随着消费者的消息越来越灵通，这将成为影响购买决定的关键因素。

数据的存储和传输都必须有安全保障。第一代联网可穿戴设备大多依靠其所选择的连接技术的内在安全协议，比如蓝牙低功耗（Bluetooth® low energy/BLE）。如果只是追踪人在一天中走了多少路，可能这已足够了。但如果消费者将其医疗信息托付给可穿戴设备，则就需要更强大的安全措施。

最新版本的蓝牙标准（蓝牙4.2）提供更高的安全性。但由于蓝牙设备的数量巨大，安全算法被黑客攻破，使得数据传输失去安全性的风险始终存在。

因此，可穿戴设备制造商必须考虑独立的数据加密措施，比如Dialog针对可穿戴设备的解决方案所采取的措施。即使蓝牙安全协议被破解，所传输的数据仍然是加密的。这样，制造商就能向消费者提供独立于蓝牙技术的端到端安全性，使可穿戴设备上的个人信息拥有与银行财务记录相同的安全等级。

大数据：淡化消费与医疗应用的界线

也许可穿戴设备最令人兴奋的新用途是帮助人们管理自身健康。随着生物传感器使用数量的增加，以及其所收集数据的准确性和可靠性的提高，我们将看到消费与医疗应用领域的融合。健身和生活方式设备将从消费装置发展到提供医疗级数据。

因此，你所收集的跟踪健康和运动水平的信息，可与你的医生或自动医疗监护系统共享，以便在症状出现前提前给出预警。这样人们就能在情况还不太严重、更易于实施和更有可能成功的时候，及早寻求治疗或适当改变生活方式。

目前许多公司都在开发用于医疗服务的数据共享云基础设施，可穿戴设备是这些基础设施的天然伙伴。这将是我们见证所谓大数据真正力量的领域。随着可穿戴设备变得越来越常见和先进，我们将有可能整理和分析来自数百万人积累多年的健康、健身及生活方式的匿名信息。除了揭示深层的健康趋势，这些巨大的数据集还能揭示疾病是如何发生的（所谓"超早期医疗"）。这有助于实现早期干预，以最大限度减小疾病所带来的财务、社会及个人影响。

无人驾驶汽车

作为特斯拉的创始人,埃隆·马斯克预计10年之内,美国所有的新车都将具备自动驾驶能力,其中有一半是全电动汽车。在这方面,马斯克认为中国可能会比美国更早实现这一天。展望未来20年,马斯克说届时汽车就像一匹马一样,很少有人骑,而且也没有必要拥有,"那时候方向盘将会消失"。至于风险,马斯克表示,自动驾驶汽车面临的最大威胁来自黑客,毕竟这些无人车或者无人车队的控制仍然是通过软件完成。

目前,几乎所有上路的自动驾驶汽车都还处在L2(部分自动驾驶)等级,包括特斯拉在内,都需要由人掌控。而奥迪已经于2017年8月发布L3量产车,这是全世界第一家量产的、"有驾照"的车,对驾驶行业意义重大。从L1(人工驾驶)到L2(部分自动驾驶),再到L3(机器自动驾驶),固定驾驶员的角色将不复存在,而原先为人服务的LBS也为无人驾驶开辟了新的战场。

在整个行业的驱动下,无人驾驶车不再只是高等院校和研究所的事情,目前已经开始走向企业和普通人,这时量产就非常有意义了。

汽车智能化已是大势所趋

汽车在提高人们生活水平的同时，也带来了能源、环境、安全、拥堵等日益严重的社会问题。中国已成为全球第一大原油进口国，第二大石油消费国，当前中国汽车耗油约占整个石油消费量的1/3，预计到2020年这一比例将上升到57%。因此，如何有效提高能源利用率、降低能源消耗、减少尾气排放是国家和行业所面临的巨大挑战。

在交通拥堵方面，据交通部2014年发布数据显示，中国交通拥堵带来的经济损失高达2 500亿元，占城市人口可支配收入的20%。另外，据美国交通信息服务公司INRIX在2017年发布的一项全球交通排行报告显示，在2016年交通拥堵在美国造成约3 000亿美元的损失，其中，洛杉矶以104时/人的拥堵时间成为这项报告中最拥堵的城市。

安全方面，据美国国家公路交通安全管理局统计，在2015年道路交通安全事故中死亡人数为35 092人，比2014年增加2 348人，7.2%的增幅也成为近50年来之最，而在2015年，欧洲由交通事故造成的经济损失达到GDP的2%。

以自动化、信息化为基础的智能汽车有解决能源、安全和环境问题的巨大潜力，因而受到人们极大关注。目前，对于汽车智能化有以下共识：

- 通过采用自动驾驶技术，能够减少90%的由于人为操作失误引起的交通事故。

- 通过车-车（V2V）通信和智能速度规划，在智能化发展的前期可以将道路通行率提高10%以上，在高度自动化阶段可以将道路通信率提高50%～90%。
- 在节能减排方面，通过经济性驾驶和整体智能交通规划，能源消耗至少能降低15%～20%。

不仅如此，随着近年来电子信息领域新技术的应用，物联网、大数据、移动互联、自动化、智能化技术迅速发展，也为汽车智能化带来良好的技术条件。因此，传统车所带来的问题、对汽车发展提出的新目标和需求以及技术发展所带来的智能化实现的可能性，形成了汽车智能化发展的拉力和推动力。在此环境下，汽车智能化已经成为行业发展的热点，并且正在引起行业的巨大变革。

为此，世界各国纷纷制定出相应的汽车智能化研究计划，欧盟、美国和日本均发布政策法规来推动智能网联汽车发展。中国在《中国制造2025》中也明确给出了汽车智能化技术的总体目标，即制定中国自主驾驶标准：

- 基于多源信息融合、多网融合，利用人工智能、深度挖掘及自动控制技术，配合智能环境和辅助设施实现自主驾驶。
- 可改变出行模式、消除拥堵、提高道路利用率。
- 装备自动驾驶系统的汽车，综合能耗较常规汽车降低10%，减少排放20%，减少交通事故数80%，基本消除交通死亡。

在《中国制造2025》后，工信部、国家发改委、国家测绘局等相关部委出台多部政策，从智能车、网联化、智能制造、地图信息采集、大数据等多个方面促进智能汽车的发展。

无人驾驶技术是汽车智能化的两条技术路线之一

无人驾驶的主要特点是跳过汽车自动化逐级发展的思路，直接实现车辆的无人驾驶，其研究主要来自科研院所和IT企业，以展示技术为主，应用领域可以拓展到封闭半封闭的矿山、码头、大型物流场等特殊场景。近年来，美国、欧洲、日本等国家都进行了无人驾驶汽车的研究，且已经取得了一定进展。

美国是无人驾驶汽车领域研究最早也是技术最领先的国家。在国家层面，由国防部高级研究计划局（DARPA）对美国的汽车企业、科研机构和高等院校进行资助，用于研究无人驾驶技术在军事领域的应用，具体项目包括：ALV项目、DEMO-II计划、DEMO-III计划等。谷歌公司是目前国际上无人驾驶汽车领域取得成果最为显著的企业，谷歌无人驾驶汽车已在公路上进行了300多万千米的测试。目前，美国内华达州、佛罗里达州、加利福尼亚州、德克萨斯州、密歇根州及首都华盛顿已立法准许无人驾驶汽车上路，虽然目前还仅限于测试目的。

德国也是最早开始研究无人驾驶技术的国家。早在20世纪80年代，德国慕尼黑联邦国防军大学（Munich FAF）就与奔驰公司合作开始研发自主驾驶汽车。其代表性成果是奔驰S500无人驾驶汽车，2013年该车在城市和城际道路完成了长距离自主驾驶试验，复制了125年前奔驰夫人贝尔女士的旅程。

尽管国外对无人驾驶领域的研究起步早、投入大，但是

该领域国内外技术差距并不很大。南京理工大学、北京理工大学、清华大学、中国科学院合肥物质科学研究院、西安交通大学、军事交通学院、上海交通大学、湖南大学等院校在无人驾驶车辆关键技术方面取得一系列研究进展。

国防科技大学从20世纪80年代就开始无人驾驶汽车研究,2003年成功研制了"红旗旗舰自主驾驶系统",该系统在高速公路正常交通情况下,具有自主超车功能,最高稳定自主驾驶时速达130千米/时。2006年研制成功新一代红旗HQ3无人驾驶轿车,该车在2006年9月参加东北亚投资贸易博览会,并于2007年1月作为中国的先进技术成果参加俄罗斯"中国年"活动。2011年完成长沙到武汉长距离无人驾驶。

从这些研究机构和科研院所取得的研究成果来看,中国无人驾驶技术已经取得了很大进展,但是目前面临的困难还有很多,技术水平不足、关键零部件依赖进口、政策法规不完善等问题较为突出。

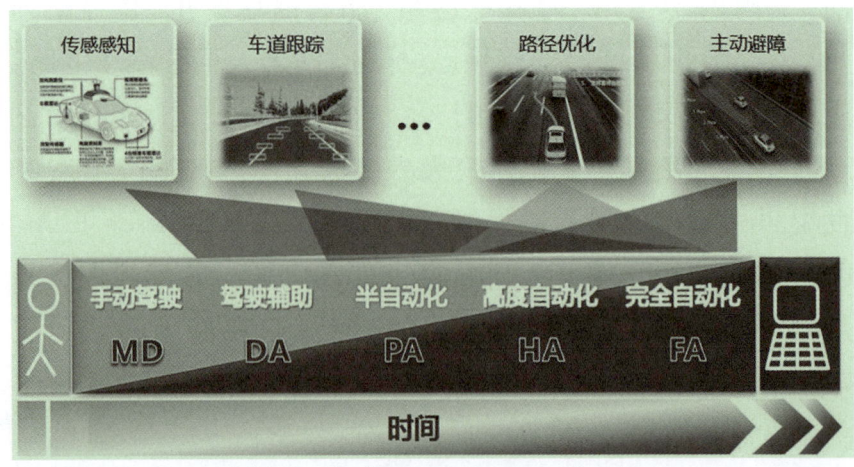

▲ 无人驾驶技术在汽车智能化各阶段的应用

虽然无人驾驶研究已取得较大进展,但从实际推广和大批量应用的角度来看,无人驾驶汽车要想成为人类交通工具,将面临法律、事故责任、驾驶乐趣等问题。但无人驾驶技术在汽车智能化进程各阶段可发挥重要作用,如无人驾驶技术中的传感感知、车道跟踪、路径优化、主动避障等场景化的功能和技术,可以移植到渐进式发展路线中的特定阶段中。

无人驾驶汽车需学会像人类那样思考

下次当你开车或在街上行走的时候,停下来想一想你是怎么了解周围环境的。你要特别注意在前院草坪上踢足球的孩子,以及那个看起来有点儿不稳、神情紧张的骑单车者。你不能被街头大步行走的女人分散注意力,虽然她正走向人行道上向她挥手的一群朋友。

你需要大量的社会和文化经验来做这些事,但你几乎不需要去思考就能本能地得出结论。可是想象一下,假如你乘坐的是一辆无人驾驶汽车,把每个行人、骑单车者以及车辆都当作障碍对待,可以让你避免撞上任何东西,但这也很容易让你被隔离。

美国加州大学伯克利分校电子工程与计算机科学系的自动化专家安卡·德拉甘(Anca Dragan)表示:"我们把它称为冷冻机器人问题。汽车所能做的任何事都太危险了,因为只有最糟糕的人类行为才可能会导致碰撞。"

像德拉甘这样的研究人员正在应对这样的挑战,即解释和预测人类行为,以便让无人驾驶汽车变得更安全、更高

效、更自信。毕竟，如果每台机器都要为每个无法预测行为的人停下来，我们很快就会被数百万惊恐的机器人堵塞街道。

为了防止交通堵塞，这些研究人员正依靠人工智能（AI）以及教授驾驶系统的能力，通过建模和反复观察这些行为意味着什么，以及系统应该如何对它们做出反应。事实上，无人驾驶汽车首先应该意识到，人类并不是障碍。德拉甘说："不同于风滚草在风力作用下的移动方式，人类移动取决于他们的决定。当他们想做点儿什么时，他们会采取行动去实现。我们首先考虑的是根据他们目前所采取的行动来推断人们想要做什么。因此，从这个角度来看，他们的行为是理性的。"

举例来说，在高速公路的右车道上，一名司机加速了。计算机知道人们在接近出口的时候应该减速，并且可以推断出这个人很可能会继续向前走，而不是在即将到来的出口退出。这是一个基本的例子：当计算机能够估算出人们想要做什么，以及如何实现目标时，它们就可以合理地预测人们下一步要做什么，并做出相应的反应。

关键在于，即使是机器学习，也不能被场景中的个别元素限制住。日产公司硅谷研发中心的人类学家梅丽莎·塞弗金（Melissa Cefkin）表示："在这个领域取得进展非常重要，但机器只是看到了道路上的情况。而作为人类，我们更擅长识别出某些特定行为，这些行为在机器看起来是一回事儿，但从我们的社会视角角度来看，则是另外一回事。"

想象一下，当你沿着城市街区开车时，看到一个人正走向路边。机器人司机可能会计算出他的速度和轨迹，确定他可能要过马路，然后停车以免撞到他。但你看到他拿

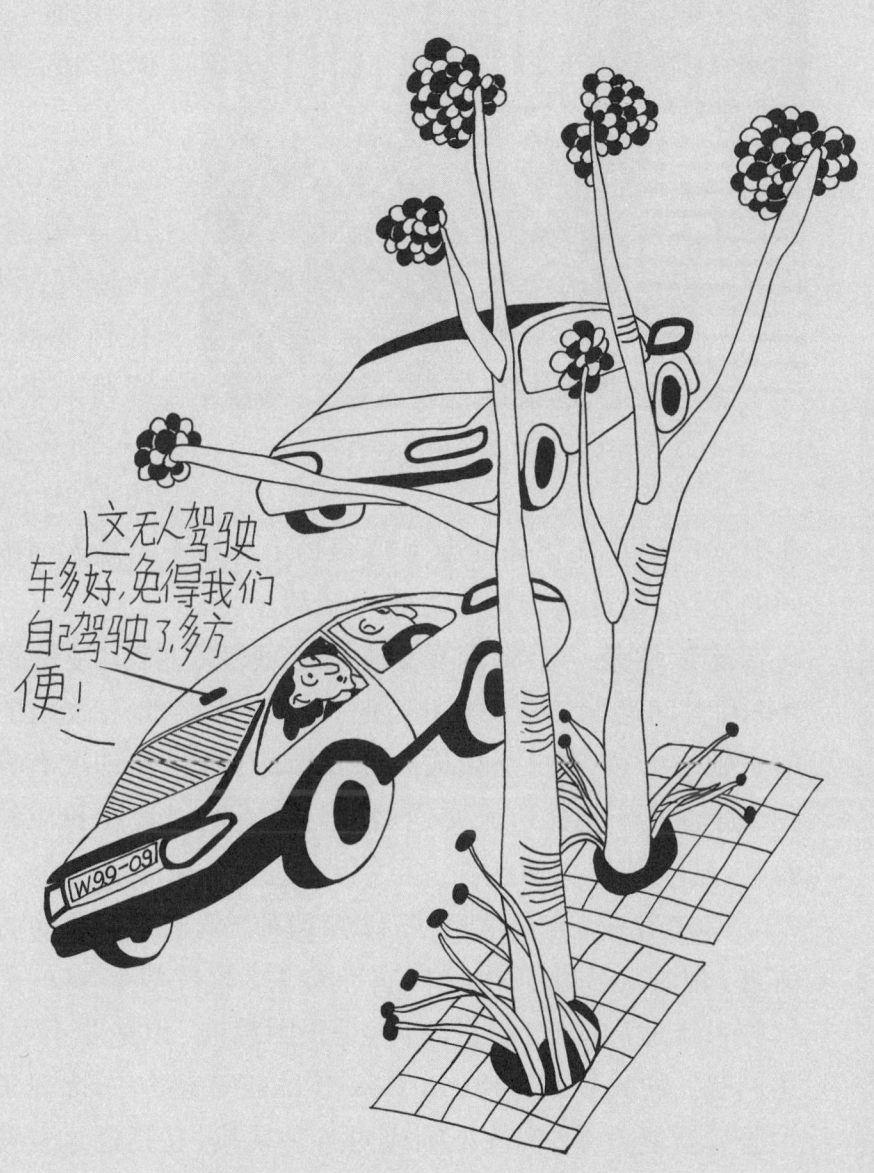

科普新知

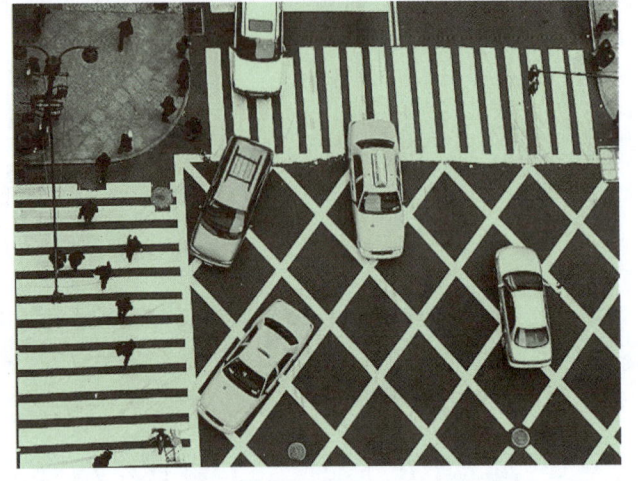

▲ 无人驾驶汽车必须能够主动避让行人

着车钥匙,意识到他正走向街边,并来到他停在路边的车门处。你肯定会放慢速度,但没有必要停车。塞弗金表示:"人们在特定环境中的移动方式已经在文化和社会上被编码了。这不只是人与人之间的互动,而是人与物体之间的互动。"

这依然是一个很简单的例子。塞弗金指出她所谓的"多因素问题",即行人和其他司机对周围的人做出的反应。她说:"如果一个行人要在我前面穿过,但却没有看着我,他们很可能会造成交通堵塞问题。所以现在我想知道的是,基于其他交通状况,继续行驶进行下去是否安全。"

现在看来,世界似乎正朝着某种"驾驶地狱"的方向前进,但你无需感到担忧。塞弗金说,教授基于AI的无人驾驶系统适应人类的古怪行为是很困难的,但绝非不可能。达利乌·加夫里拉(Dariu Gavrila)正在德尔夫特理工大学研究智能汽车,训练电脑应对各种挑战,包括通过复杂的十字路口(存在各种移动目标、道路碎片、交通警察)以及其他不寻常的事情,比如有人在街道中间推车。加夫里拉说,他的目标是为机器开发出一种适应性更强的驾驶方式,从而增强社会对新硬件的接受程度。

这项工作意味着，需要考虑到环境中的行人交通因素，比如接近路边、车道或公共建筑入口以及其他行为等。它还要延伸到每个人的动作上，比如某人的头朝一个方向看，而他们的躯干指向另一个方向，这可能意味着什么。加夫里拉说："识别行人的意图可能是一个拯救生命的办法。我们在真车演示中证明，无人系统可以比人类的反应快一秒钟，而且不会产生错误警报。"

不过，计算机能做的事情毕竟是有限制的。加夫里拉指出："这不是少数派报告，没有人会告诉你即将发生什么。随着预测水平的提高，未来行人或骑单车者的不确定性也在迅速增加，未来我们将在多少秒内尝试建模。基本行为模型一秒钟后就不再有用了。更复杂的行为模型可能会让我们有两秒钟的预测能力。"

尽管如此，一两秒钟的提前警告可能就是计算机化系统所需要的，因为它依然在人类响应的时间范围之内。但其他自动化专家认为，人们可能会让机器在驾驶的每一微秒内都陷入"过度思考"的状态。英特尔公司无人驾驶系统首席系统架构设计师杰克·韦斯特（Jack Weast）说："当你在试图预测未来时，这是一项巨大的计算任务，当然它只是产生了一种可能性的猜测。所以，与其把超级计算机装进每辆车里，还不如仔细想想如何确保汽车永远不会撞上任何人。这是一种更经济可行的做事方式。"

这里还有另一个问题。理想的机器人不仅能理解周围的环境，还能理解它自身是如何改变场景的。德拉甘说，许多机器人系统都存在内在缺陷：他们的制造商认为，无人驾驶汽车的出现不会改变其他"演员"的动作。但德拉甘认为："不管我们喜欢与否，无人驾驶汽车的行为都会影响

人类的行为。汽车需要开始考虑这种影响。"

这就是为什么德拉甘及其团队建立新系统的原因,他们的模型中包括了人类司机对汽车的反应模式。她说:"我们的汽车不再是超防御性的,因为它知道自己也能引发人们的反应。就像我们的车辆在其他车辆前面并道时,后者会减速一样。我们还通过利用无人驾驶汽车的行动来积极预估人类的意图。"

这种自信训练可能是未来交通的关键。打造机器人汽车的关键在于,它不仅应该拥有类似人类的意识,还应被赋予像人类一样的能力。

智慧城市

城镇化是将农村人口转化为城镇人口的一个过程,是解决资源、环境、庞大的人口物质需求与我国可持续发展的多种矛盾以及实现现代化的必由之路。经过几十年的不懈努力,中国城镇化取得了巨大的成就,但也随之带来了交通拥挤、居民居住条件较差、环境污染、水资源短缺、犯罪率居高不下、天然气普及率和硬化道路比重低以及污水污物处理设施缺乏等一系列城市问题。城市是一个整体,由于城市管理的复杂性和人管理能力的有限性,目前我国不得不将城市分割管理,形成了以分工为基础、以各司其职和层级节制为特征的行政管理体制。随着城市规模的不断扩大,这种体制出现了行政业务间、政府各部门间、各地方政府间、垂直部门与地方政府间以及各行政层级间的分割,形成了碎片化的分割管理模式。在网络化、信息化快速发展的今天,这种管理模式的缺陷更加突出,既妨碍了政府整体效能的实现,加大了部门间协调的成本,又阻碍了服务政府的建设,并给公众办事带来极大的不便。

科普新知

智慧城市建设就是通过信息技术在新型城镇化的规划和建设、管理和运行、生产和生活等各方面全方位的嵌入、渗透和应用，提升城镇化发展水平，推动产业转型升级和政府行政效能大幅提升，它在城镇化推进的过程中扮演着越来越重要的角色。

智慧城市的内涵与外延

数字城市建设中面临着实时性获取、信息共享、业务协同和智能决策四大问题，无法满足城市各种综合应急资源服务、统一指挥和联合行动以及为市民提供相应紧急救援服务的迫切需求。物联网、云计算和智能决策新技术的应用为解决数字城市面临的上述问题提供了机遇，为实现城市全面透彻的感知、泛在的互联、智能的融合以及分析决策应用提供了保证。智慧城市就是数字城市的智能化，是数字城市功能的延伸、拓展和升华，通过物联网把数字城市与物理城市无缝连接起来，利用云计算和网格计算技术对实时感知数据进行快速协同处理，并提供智能化服务，提升人们对城市的感知能力、逻辑思维能力、自学习与自适应能力和行为决策能力。

智慧城市的核心包括：① 感知化、互联化、协同化和智能化，包括通过物联网实现物理城市全面、综合的感知和对城市运行核心系统的实时感测，实时智能地获取物理城市的各种信息；② 通过互联网实现感知数据的智能传输和存储，将多源异构数据整合为一致性数据，实现全城域数据关联，构建智慧的数据基础设施；③ 基于云计算这种新的服务模式,充分利用和调动现有一切信息资源,通过构建一个新型的服务模式或一种新的能提供服务的系统结构,解决多源异构海量数据的处理问题;④ 利用大数据技术对实时感知数据进行快速和协同处理,对海量感知数据进行并行处理,实现数据挖掘与知识发现,为人们提供各种不同层次、不同要求的低成本、高效率的智能化服务,进行科学决策和预测分析,从而构建智慧城市。

智慧城市核心技术体系可以通过五纵五横的立体框架来描述。五纵指贯穿智慧城市建设各个层面的5个支撑体系,包括核心技术体系、智慧标准规范体系、安全保障体系、政策法规体系和运营管理体系。五横指核心技术体系划分为基础设施层、信息资源层、应用支撑层、应用层和决策层5个层面。

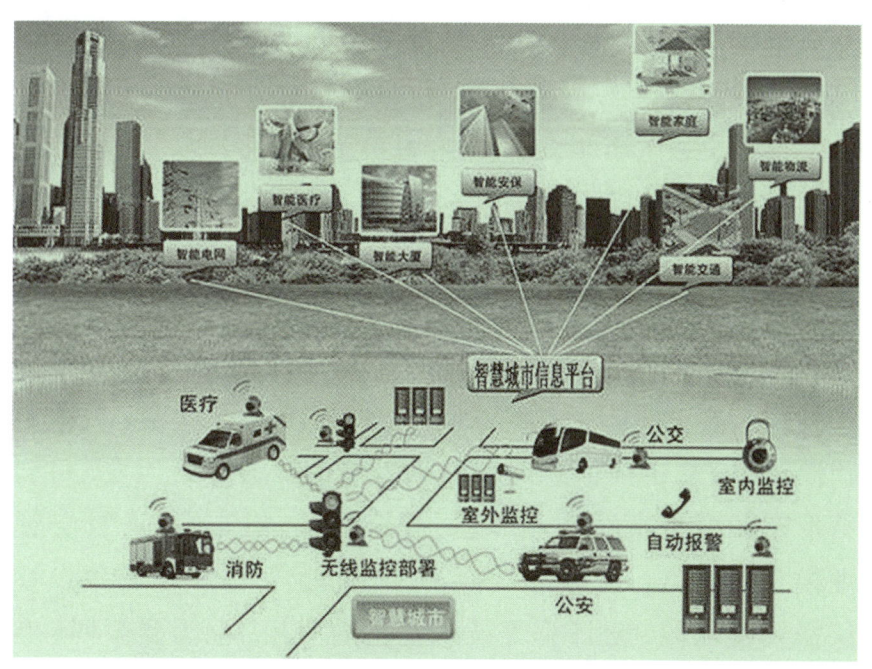

以智慧城市信息平台为核心的未来城市蓝图

驱动智慧城市形成所需的两大基因

有两种驱动力推动智慧城市的逐步形成,一是以物联网、云计算、移动互联网为代表的新一代信息技术,二是知识社会环境下逐步孕育的开放的城市创新生态。前者是技术创新层面的技术因素,后者是社会创新层面的社会经济因素。由此可以看出创新在智慧城市发展中的驱动作用。清华大学公共管理学院书记、副院长孟庆国教授提出,新一代信息技术与创新2.0是智慧城市的基因,缺一不可。

智慧城市不仅需要物联网、云计算等新一代信息技术的支撑,更要培育面向知识社会的下一代创新(创新2.0)。信息通信技术的融合和发展消融了信息和知识分享的壁垒,消融了创新的边界,推动了创新2.0形态的形成,并进一步推动各类社会组织及活动边界的"消融"。创新形态由生产范式向服务范式转变,也带动了产业形态、政府管理形态、城市形态由生产范式向服务范式的转变。如果说创新1.0是工业时代沿袭的面向生产、以生产者为中心、以技术为出发点的相对封闭的创新形态,创新2.0则是与信息时代、知识社会相适应的面向服务、以用户为中心、以人为本的开放的创新形态。北京市城管执法局信息装备中心主任宋刚博士在"创新2.0视野下的智慧城市与管理创新"的主题演讲中,从三代信息通信技术发展的社会脉络出发,对创新形态转变带来的产业形态、政府形态、城市形态、社会管理模式创新进行了精彩的演讲。他指出智慧城市的建设不仅需要物联网、云计算等技术工具的应用,也需要微博、维基等社会工具的应用,更需要Living Lab等用户参与的方法论及实践来推动以人为本的可持续创新,他结合北京基于物联网平台的智慧城管建设对创新2.0时代的社会管理创新进行了生动的诠释。

随着国家智慧城市试点工作的推进和指标体系的逐步完善,也将规范和推动国内智慧城市的健康发展。一些城市将智慧城市建设当作数字城市的新包装,一些城市被企业营销牵着鼻子走,国内智慧城市虚火过旺和盲目贴标签的行为也广被诟病。国家智慧城市试点工作将在试点探索和指标体系的实施过程中,对国内智慧城市建设存在的诸多误区和认识进行矫正和澄清。必须认识到,智慧城市引领的新型城市化是对传统城市发展的扬弃,它是低碳、智慧、幸福及可持续发展的城市化,是以人为本、质量提升和智慧发展的城市化。智慧城市建设不可偏废或仅仅是强调技术应用而忽视社会经济层面的创新,智慧城市的试点也必将规范和推动智慧城市的健康发展,构筑创新2.0时代的城市新形态,引领中国特色的新型城市化之。

智慧城市是一个在不断发展中的概念,是城市信息化发展到一定阶段的产物,随着技术、经济和社会的发展不断持续完善。借助大数据、云计算、物联网、地理信息、移动互联网等新一代信息技术的强大驱动力,发展智慧应用,建立一套新型的、可持续的城市发展模式,从而勾勒出一幅未来"智能城市"的蓝图。

截至2012年年底,全国智慧城市建设中信息技术投资已超过1万亿元,到2015年已超过2万亿元。随着新一代信息技术的发展应用,智慧城市建设掀起一轮新的热潮,正逐渐改变着中国新一轮城市竞争格局。

地理信息科学在智慧城市建设中扮演重要角色

地理信息科学在智慧城市建设中的作用研究基于2个事实：一是人类生活在地球上，一切活动都在一定的时空（时间和空间）中进行，信息都是人类活动（社会、生产和生活等）的产物，信息的时空属性是一切信息关联的纽带；二是可视化是人类获取与表达信息的主要途径，大数据所承载的信息，往往通过可视化的手段，才能被人直观地理解。地理空间数据可视化把地理空间数据转换成为便于人们理解的图形或图像，从而动态地、形象地、多视角地、全方位地、多层面地描述地理事物与现象，这不仅可以反映地理现象空间分布、相互联系和动态过程信息，同时也弥补了人类自然语言对地理现象描述的不足，提高了人们对地理空间的认知能力。地理信息科学在智慧城市建设中的地位和作用主要表现在以下几个方面。

地理信息科学是智慧城市的理论支撑之一

城市是一种包含复杂物质要素、社会关系和活动内容的客体，以它为研究对象形成了城市地理学、城市经济学、城市社会学和城市规划学等许多学科。现代地理学是一门研究地理环境及其与人类活动间相互关系的综合性、交叉性学科。它以分布、形态、类型、关系、结构、联系、过程和机制等概念构筑理论体系，注重地理事物的空间格局与地理现象的发生、发展及变化规律，以人地系统的优化为目标，即人口、资源、环境与社会经济协调发展。城市地理学着重从空间观点研究个别城市或区域城镇体系的功能结构、层次结构和地域结构。地理信息科学从信息流的角度研究地球表层自然要素与人文要素的相互作用及其时空变化规律,通过对地表各圈间信息的形成和变化机制及传输规律进行研究,揭示地理信息的发生和形成及其相互作用机理。为了控制和调节城市系统的物质流、能量流和人流等社会化指标,使之转移到期望的状态和方式,实现动态平衡和持续发展,人们开始考虑对其组成要素的空间状态、相互依存关系、变化过程、相互作用规律、反馈原理和调制机理等进行数字模拟和动态分析,发现和建立反映事物的数学模式,利用和发展数学工具对其进行分析和推理,获得对城市事物运动机理的认知,从而达到预测和控制事物运动的目的,解决城市发展人口、住宅、就业、交通、治安、环境和经济产业等问题。

地理信息科学是多学科的融合

地理信息系统描述和管理的对象是地理。现代地理学研究涉及自然科学和人文科学,在自然和人文间架起一座桥梁。自然地理学的研究对象是自然地理环境,涉及水文、气候、植被(生物)、土壤、地貌、冻土和冰川等领域。人文地理是一门探讨各种社会、政治、经济和文化现象的地理分布、扩散和变化,以及人类社会活动的地域结构的形成和发展规律的学科,包括社会文化地理学、政治地理学和经济地理学等。地理信息科学的应用涉及城市、区域、土地、灾害、资源、环境、交通、水利(水务)、农业、产业、人口、文化、卫生、治安、住房、城管、基础设施和规划管理等领域的政府部门、企业规划、物流和大众出行服务。地理空间数据

涵盖了所有的数据类型。地理空间数据是描述地球表面一定范围（地理圈和地理空间）内地理事物的（地理实体）位置、形态、数量、质量、分布特征、相互关系和变化规律的数据，是地理空间物体的数字描述和离散表达。作为数据的一类，地理空间数据不仅具有空间特征、属性特征和时间特征3个基本特征，还具备抽样性、时序性、详细性、概括性、专题性、选择性、多态性、不确定性、可靠性与完备性等特点，这些特点构成了地理空间数据与其他数据的差别。地理信息系统开发应用了所有计算机技术，包括高效海量数据存储技术、复杂的数据模型和结构、虚拟可视化技术、嵌入式和组件式、高速网络传输技术、并行计算处理以及图形图像输入输出技术。地理空间数据具有海量、空间、异构和多时态等特点。地理信息学科吸收信息科学的精华，与计算机技术结合，形成了网络、嵌入式和组件式等各种各样的地理信息系统，同时也推动了计算机信息科学与技术的发展。

位置是智慧城市数据整合与关联的基石

基于云计算的数据整合、关联分析和数据挖掘处理是智慧城市的灵魂。美国地理学家Waldo Tobler认为任何事物都相关，只是相近的事物关联更紧密，即地理学第一定律。位置是人、事和物体之间相互关联的信息基本属性之一。在实践过程中，政府、军事和企业等不同部门为了满足自身需求，从不同应用、不同专业、不同角度对地理物体和现象的信息进行描述和记录，但实现区域内自然和人文地理要素的整体全息表达十分艰难。智慧城市建设覆盖所有政府公共部门，其核心目标是建立全市域信息模型，构建城市核心系统的运行全图。城市数据的深度整合指针对分割和碎片化数据，以部分服从整体的系统论为核心理念，以业务协同和资源共享为特征，以目标、机构、资源、业务、服务及其提供途径等要素的整合为内容，以网络信息技术为支撑，实现数据跨部门协作。

位置感知是智慧城市的物质基础

获取物体位置信息的技术叫作位置信息感知技术。基于位置的服务叫作移动定位服务。位置服务是通过电信移动运营商的GSM网、CDMA网、3G/4G、GPS、北斗定位系统和室内定位等获取移动数字终端设备的位置信息，在地理信息系统平台的支持下，为用户提供的一种增值服务。位置服务具有确定某人的位置和为某人提供适合的服务两大功能。基于物联网技术的信息感知是智慧城市建设的物质基础。位置感知和物联网技术相结合可以为智慧城市基础设施提供更加智能的技术手段，有助于逐步构建城市智慧服务体系，从而进一步为城市民众提供有针对性的新服务和新模式。

天空地遥感是感知城市环境变化的主要手段

天空地遥感感知在智慧城市中的主要功能是识别物体和采集信息，用于解决人类世界和物理世界的数据获取问题。采用传感器技术、条形码技术、智能终端（智能手机、平板电脑、智能电视和智能卡等）、RFID技术、影像采集、卫星遥感、无人飞机摄影以及车载/机载三维激光雷达等实现对城市范围内人、事件、基础设施、环境和建筑等方面元素的实时动态识别和信息采集。将传感器与通信网络相连

接，形成物物相连的物联网，实现信息数据的全面透彻感知和特征提取，为智慧城市环境变化监测和业务应用提供更多有价值的数据信息。

可视化是智慧城市知识获取的主要途径

大数据可视化是数据挖掘与分析研究的热点，视觉信息感知可以辅助大数据分析。地理空间数据可视化运用计算机图形图像处理技术，将复杂的地理科学现象、自然景观和人类社会经济活动等抽象概念图形化，以帮助人们理解地理现象、发现地理学规律和传播地理知识，提升人类地理空间认知能力。可视化是人类感知世界的主要途径。人类日常生活中接受的信息80%来自视觉，而图形图像是人类最容易接受的视觉信息。信息可视化技术使人们可以通过观看可视化的图形、图像获取信息的内涵和潜在结构，大大降低了人的认知负担。

时空分析与过程模拟推演为决策提供依据

时空分析与过程模拟推演是地理学研究的基本方法。把城市体系作为一个动态的复杂系统，用定性定量相结合的方法对其进行分解和简化，确定大系统和子系统所要实现的目标和制约条件，探讨系统的最优结构和功能。系统分析通常运用数学模型反映城市系统的特征、结构和发展过程，运用地理信息技术把时空分布的地理现象、社会发展、空间环境及动态变化进行多分辨率、多尺度、多时空和多种类的三维描述，从而实现对城市生态环境的监控、模拟、推演、时空分析和评价，进而进行科学预测和辅佐决策，提高政府决策的科学性和效率。

地理信息系统是智慧城市的核心软件支撑

在智慧城市建设中,运用地理信息系统手段对城市进行多尺度、多时空和多种类的数据描述,以物联网为基础实现城市信息动态、实时、连续、全覆盖的获取,应用数学方法,结合智能科学的相关理论和技术,构建城市建设和发展空间的决策模型,认识和解决城市发展过程中相关非结构化问题,深入研究城市系统的结构特征,预测变化趋向,实现对城市建设和发展的监控、模拟、推演、时空分析和评价,提高城市建设决策的科学性和效率。地理信息系统使智慧城市不仅拥有全方位的信息采集能力,还具备更强有力的信息处理、分析、共享和协同等能力。在越来越多的智慧城市实践中,空间信息和以此为基础建立的空间信息共享、协同平台,以及由此衍生的空间信息服务生态体系已成为智慧城市建设的核心支撑之一。

刷脸支付

　　人脸识别是一种基于人的相貌特征信息进行身份认证的生物特征识别技术，其最大特征是能避免个人信息泄露，并采用非接触的方式进行识别。人脸识别与指纹识别、掌纹识别、视网膜识别、骨骼识别、心跳识别等都属于人体生物特征识别技术，都是随着光电技术、微计算机技术、图像处理技术与模式识别等技术的快速发展应运而生的。可以快捷、精准、卫生地进行身份认定；具有不可复制性，即使做了整容手术，该技术也能从几百项脸部特征中找出"原来的你"。人脸识别系统在世界上的应用已经相当广泛。在中国就已广泛应用于公安、安全、海关、金融、军队、机场、边防口岸、安防等重要行业及领域，以及智能门禁、门锁、考勤、手机、数码相机、智能玩具等民用市场。

　　刷脸支付是人脸识别技术的一种应用形式，它不需要钱包、信用卡或手机，支付时只需要面对POS机屏幕上的摄像头，系统会自动将消费者面部信息与个人账户相关联；结账时，消费者只需在收银台面对POS机屏幕上的摄像头，系统自动拍照，扫描消费者面部，再把图像与数据库中的存储信息进行对比。消费者面部信息同时与支付系统相关联。等到消费者的身份信息显示出来后,只需在触摸显示屏上点击OK确认,全部交易过程即告完成。不会受光线影响更不用担心辨别错误,人脸机器识别率在95%以上,具有非接触、识别速度快、准确率高、不受光线的影响等显著优点,而且避免因按指纹可能引起的一些细菌交叉传染。

刷脸支付极大简化了支付交易过程

2013年7月,芬兰创业公司Uniqul推出了史上第一款基于脸部识别系统的支付平台。据Uniqul声称,这项技术已经申请专利,它可以极大缩短支付时间,并拥有"军用级别算法"的保护。Uniqul"刷脸"支付系统的用户注册已经启动,首先会在芬兰赫尔辛基地区部署。

"刷脸"系统目前正在芬兰首都赫尔辛基进行测试。对于安装Uniqul支付平台的商户,公司初步计划免费提供终端设备。Uniqul公司已启动"刷脸"支付系统的注册工作,用户可以通过任何一种支付系统注册,从传统的银行卡到Paypal或Square账户,均可关联自己的Uniqul账户。Uniqul公司在一份声明中说:"对既要在住处附近购买生活日用品,又要在工作地点购买午餐的上班族而言,这是享用Uniqul便利支付的理想套餐。"

2013年,中科院重庆研究院智能多媒体技术中心启动了对这一支付方式的研究。中心主任周曦介绍,截至2014年8月,技术中心已经完成了人脸识别支付系统的关键性技术研究。技术中心全球首创的人脸数据采集阵列,能够

从91个角度对人脸同步采集,能对人脸识别影响最大的多变光照、多角度、遮挡等状态进行最优的识别效果。目前,他们的人脸识别系统已应用在边检站自动通关系统、动态人脸识别考勤机、多属性动态人脸识别系统等方面。在此基础上,中心研发出了人脸识别移动支付系统,已能够实现支付只需"刷脸卡"。

伴随着技术发展,面部识别系统未来将安装在自动提款机上;美国迪博尔德集团公司则正在研发基于面部识别系统的第三方转账平台。Uniqul公司一名发言人说,"刷脸"支付系统旨在提升交易安全性和速度,其安全系数堪称"军用级别",甚至能够准确分辨出双胞胎的差别。当你靠近收银台后,在后台,Uniqul的算法会分析你的生物遗传数据,在数据库中找到你的账户。

支付宝刷脸支付启动商业化

刷脸支付从试验就进入规模扩张。2018年8月15日,支付宝宣布在经过经验积累和技术升级之后,刷脸支付已经具备了商业化的能力,在未来一年内将向各种商业场景普及自助收银+刷脸支付的解决方案。

2017年9月1日,支付宝在肯德基的KPRO餐厅上线刷脸支付,不用手机,通过刷脸即可支付,这也是刷脸支付在全球范围内的首次商用试点。目前,全国已经有11个城市的23家肯德基门店支持刷脸支付。

如今,不仅是在肯德基,在药店、超市、便利店等众多的线下零售场景,全国上百个城市的超过百万消费者已经率

先体验了支付宝刷脸支付。

蚂蚁金服零售行业负责人锋笙说:"在经过这些经验累积之后,我们认为刷脸支付已经具备了大规模商用的能力。"蚂蚁金服是行业内最早布局人脸识别技术的公司之一,有着深厚的技术积淀。自2015年起,支付宝率先将人脸识别技术应用于用户登录后,这一技术先后用于实名认证、找回密码、支付风险校验等场景,迄今已服务过数亿用户。

卜蜂莲花市场部助理副总裁袁林化表示,该公司在2018年7月2日广州lotus plus精品生活超市正式上线支付宝刷脸支付,消费者参与度很高,当天销售额的20%都来自刷脸支付,到了7月20日,在南大区所有门店都已上线刷脸支付。这种全流程自助的"无人超市"式体验,也可以为商家提高经营效率和信息化水平,实现商业升级。

在支付行业人士看来,作为新兴事物,"刷脸"验证和"刷脸"支付在给人们的生活带来便利的同时,也提升了安全性。"举一个简单的例子,密码是可以修改的,但是脸,包括指纹是不能修改的,所以相对来说也更为安全。"

目前,人脸识别技术已经在"互联网+政务"领域得到了广泛应用,超过100个城市的用户通过支付宝刷脸完成身份验证,就可以轻松在线办理公积金查询和提取、个税查询、养老金领取资格认证、电子证件等公共服务。

尽管人脸识别已经有较多的应用场景,但此前刷脸支付迟迟未能投入商用,难点在于支付环节的应用安全性要求更高、线下场景更为复杂,以及公开环境、公共设备的挑战更大。

蚂蚁金服生物识别技术负责人留招表示,支付宝能率先推出刷脸支付,一是基于其多年来人脸识别技术的积累,支付宝是最早实现刷脸登录的金融级App;同时其技术团队也为刷脸支付商用做了很多独创的优化。通过软硬件的结合,智能算法与风控体系综合保证准确性和安全性,目前识别的准确率为99.99%。

与市面上众多采用2D人脸识别技术的应用不同,支付宝的"刷脸支付"采用的是3D人脸识别技术,在进行人脸识别前,会通过软硬件结合的方式进行活体检测,来判断采集到的人脸是否是照片、视频或者软件模拟生成的,相比较于2D人脸识别技术,能更有效地避免各种人脸伪造带来的身份冒用情况。

据了解,支付宝自助收银机和刷脸支付在超市、餐厅、药店等上线后,有效缓解了高峰时段结账排队现象,收银结算效率提升了50%以上;在大部分门店里消费者选择这种新方式结账的超过20%;在北上广深等一线城市,原本一个收银员负责一个结账通道,现在可以负责2个以上的自助收银机,一年一台机器可节省各种成本10万元以上。

"靠脸吃饭"的时代有没有安全隐患

可以说,刷脸支付是未来支付领域的一大趋势。但对于刚刚起步的刷脸支付来说,必然还存在着许多不完善的地方。一位支付宝业务负责人表示,人脸识别技术目前只是作为技术储备,目前技术和监管两方面都不具备落地条件,只有在技术成熟和监管认可的情况下,才会推广。

的确,人脸支付很时髦,但这项新技术仍有太多的漏

洞。与传统的数字密码识别和指纹识别技术一样，人脸支付需要跟系统存储的信息进行比对验证。在很多人看来，人的脸部特征有很强的唯一性，这使得人脸支付安全性得到了最大限度的保障。可是，一些外部因素，会让人脸支付有太多的风险。

风险一：可复制性。复制是破解密码的最常用手段，窃取数字密码，以及套取指纹来解密手段已经相当普遍。同样，人脸特征更容易被复制。人每天都暴露在外面，通过拍照完全可以获得一个人的脸部特征，并进行复制。

风险二：不稳定性。人的脸部特征在某种情况下具有不稳定性。譬如，女性化妆，一旦用户化上浓妆，脸部特征就会发生变化，机器就会无法识别。即便不化妆，戴上墨镜或者戴上其他饰品，也会影响人脸识别的准确率。除化妆外，过敏、受伤、整容都会导致脸部特征有很大变化，这无疑是人脸识别技术的一个潜在风险。此外，业内人士还提出，双胞胎面部特征非常相似，刷脸支付又该如何辨别呢？

不仅如此，法律政策壁垒也亟须完善。比如刷脸会不会透露消费者位置信息，造成隐私泄露。若不法分子利用刷脸支付获取消费者的面部特征，运用到其他方面引起法律纠纷该如何解决？刷脸支付涉及诸多法律问题，从支付安全，到个人信息，从监管政策到人伦争议，这都是需要时间来解决的。

说到底，人脸识别技术是一个涉及取样、算法、识别等多个技术环节的系统工程。尽管人脸识别技术已经在考勤、安防等领域使用，但这一技术仍有诸多安全隐患。所以，支付宝推出人脸识别技术还需谨慎对待。

无线充电

当我们谈到无线充电的时候,第一反应是苹果最近新发布的iPhone全系列搭载了无线充电功能,支持Qi无线充电协议。无线充电技术不算是新技术,不仅是手机,还有电动牙刷、剃须刀等。不过,这里所谓的无线充电更多指的是无需将线缆插入设备中,而非很多人想象中的"拿着手机就能充电"。

这是其充电原理所限制的:电流通过线圈,线圈产生磁场,对附近线圈产生感应电动势,然后在回路中形成电流。囿于技术的限制,同时为了达到较高的充电效率和相对较低的发热量,用电器必须将接收器以特定的姿态贴近充电适配器,否则无法实现充电。

虽然免去了找充电线的痛苦,但我们的手机依然被捆绑在充电适配器上。如果要想真正摆脱电源适配器,也许需要换个思路,比如可以利用电磁波……

人类追求无线充电经历了相对漫长的过程

1890年,物理学家兼电气工程师尼古拉·特斯拉(Nikola Tesla)就已经做了无线输电试验,实现了交流发电。磁感应强度的国际单位制也是以他的名字命名的。特斯拉构想的无线输电方法,是把地球作为内导体、地球电离层作为外导体,通过放大发射机以径向电磁波振荡模式,在地球与电离层之间建立起大约8赫的低频共振,再利用环绕地球的表面电磁波来传输能量。但因财力不足,特斯拉的大胆构想并没有得到实现。后人虽然从理论上完全证实了这种方案的可行性,但世界还没有实现大同,想要在世界范围内进行能量广播和免费获取也是不可能的。因此,一个伟大的科学设想就这样胎死腹中。

2007年6月7日,麻省理工学院的研究团队在美国《科学》杂志的网站上发表了研究成果。研究小组把共振运用到电磁波的传输上而成功"抓住"了电磁波,利用铜制线圈作为电磁共振器,一个线圈附在传送电力方,另一个在接受电力方。传送方送出某特定频率的电磁波后,经过电磁场扩散到接受方,电力就实现了无线传导。这项被他们称为"无线电力"的技术经过多次试验,已经能成功为一个两米外的60瓦灯泡供电。这项技术的最远输电距离还只能达到2.7米,但研究者相信,电源已经可以在这范围内为电池充电。而且只需要安装一个电源,就可以为整个屋里的电器供电。

2014年2月,电脑厂商戴尔加盟了A4WP("无线充联盟")阵营,当时,阵营相关高层就表示,会对技术进行升级,支持戴尔等电脑厂商的超极本进行无线充电。市面上的传统笔记本电脑,大部分电源功率超过了50瓦,不过超极本使用了英特尔的低功耗处理器,成为第一批用上无线充电的笔记本电脑。在此之前,无线充电技术,一直只和智能手机、小尺寸平板等"小型"移动设备有关。不过,无线充电三大阵营之一的A4WP日前宣布,其技术标准已经升级,所支持的充电功率增加到50瓦,意味着笔记本电脑、平板等大功率设备,也可以实现无线充电。

2017年10月,支持无线充电功能的手机大家庭又迎来了3名新成员:iPhone 8、iPhone 8 Plus和iPhone X——它们都支持Qi无线充电标准,目的是给用户带来更大方便,手机本身看起来也更酷。

电动汽车也完全可以采用无线充电

目前在国际上,汽车厂商如奥迪、宝马、奔驰、沃尔沃、丰田等,通信公司如高通等都已经开始研究电动汽车无线充电技术。其中奥迪的无线充电技术方案主要是针对传输过程中效率流失的问题,该方案通过一种可升降的无线充电系统,使得电缆端的发射线圈更靠近电动汽车底部的接收线圈,从而提高电力传输效率。宝马与奔驰合作研发的无线充电技术已经经过了测试,并应用到了宝马i8车系上。至于沃尔沃则已经完成了电动汽车车载无线充电系统测试,据说整个充电过程用时3个小时都不到。由于无线充电技术相对较成熟,目前在国外有些地方已经开始投入使

用，2014年韩国铺设了一条长达12千米的无线充电路段，车辆行驶在路上可边开车边充电。

相比较于国外众多厂商参与的盛况，国内研究无线充电技术的机构并不多，其中以中兴、比亚迪、重庆大学等为代表。其中中兴于2013年就开始研发无线充电技术，2014年推出了成熟具体的产品和方案。目前中兴的无线充电方案已经开始在部分城市正式投入使用。不同于中兴的广为人知，比亚迪据说在2005年就申请了非接触感应式充电器的专利，并在2014年用于犹他大学的一辆纯电动巴士上配备的WAVE无线充电垫。至于科研机构的代表重庆大学，据说在2002年开始研究给汽车充电的"大功率无线电能充电传输装置"。

目前，国内无线充电技术虽然没有国外成熟，但也已经开始在部分城市、地方投入运营使用，据了解北京已经在研究推广无线充电微循环公交车，并将于亦庄或是京郊区县电动出租车的示范区域，进行无线充电的示范运行。

无线供电入选厦门市第八批"双百计划"，这也是无线充电高新技术项目首次进入福建和厦门，标志着无线供电产业已成为厦门高新产业群的重要组成部分。

2014年，我国新能源汽车销量达7.5万辆，2015年一季度达2.72万辆。我国新能源汽车产业的高速增长使得市场对充电桩的需求越来越大，解决充电难题已经刻不容缓。虽然已有车企和充电公司投入兴建充电桩，但市场远远未达到饱和程度。而且相比较于充电桩，无线充电的建设成本更低，据了解，中兴的一套无线充电设施建设下来成本大概2万元，并且还不受场地限制等因素的影响。在巨大的市场蛋糕诱惑面前，无线充电此时不分一杯羹更待何时？

也许步入商业化还需要时间,但机会永远是给有准备的人,此时切入并不晚。

电磁波与超声波充电拥有巨大的市场潜力

AirVolt由TechNovator公司开发,需要充电时只要将接收器插进手机,再将充电头插上插座就能进行远程无线充电。最佳充电距离是9米之内,而最远距离可达12米。

AirVolt充电头通电后可以将电能转化为电磁波,接收器获取后会将电磁波又转化为电能为手机充电。目前这一款产品已经上市,相较于现有的方案,其优势在于可充电范围大,但充电效率只有线缆充电的38%。

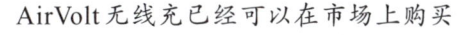

AirVolt无线充已经可以在市场上购买

我们也可使用超声波:一家名叫uBeam的公司发明了一种全新的无线充电模式,可以利用超声波将电力隔空输送到4.6米外的地方。有了这样的产品,只要使用专用的无线充电套,你就可以在充电的同时拿着手机在屋里走动。

uBeam已获得170万美元的种子轮融资,其投资人包括

Yahoo CEO Marissa Mayer、Founders Fund以及Andreessen Horowitz等。该公司已经申请了18项与无线充电和超声波有关的专利。

微软研究院已经制定出了一个潜在的解决方案：AutoCharge。微软研究人员们描述AutoCharge是一种自动定位桌子上的智能手机，并为它们充电的技术。他们制造的原型充电器可以被安装在天花板上，有两个工作模块：一个监测模块，其采用的是微软的Kinect摄像头，可以扫描像智能手机样子的物体；另一个是充电模式，采用了UltraFire CREE XM-L T6来聚焦LED光线。

AutoCharg系统采用了基于图像处理来监测和追踪桌上的智能手机，并自动为智能手机充电。充电器会不断地旋转，直到它检测到一个看起来像智能手机的物体，之后将使用太阳能发电技术所产生的光束为智能手机远程充电。

无论是采用哪种解决方案，目前面临的最大问题在于如何在保证安全的情况下，保证充电效率。为了脱离电源适配器，这些新兴技术在寻找充电设备的过程中，耗费了大量的能量，这才导致了较低的充电效率。

如果提高充电功率，那么发热量以及安全性又会出现问题，同时也会造成巨大的能源浪费。得到最广泛应用的Qi标准的无线充电，虽然不能让手机完全脱离充电板，但充电转换率已经达到了80%左右。

而上述方案中有些已经有成型的产品了，还有一些尚处于实验室阶段。如果要这一种技术应用到手机上来，需要考虑的因素有很多，比如体积和成本。当然，解决了这些问题之后，这个新技术会被运用在更大的用电设备上，比如电视、空调，甚至是电动汽车。

快充方案本质上而言,还是电池技术无法实现突破的无奈之举。在保证电池容量最大化的时候,还要尽可能保证安全性,无线充电如果不仅仅是让用户摆脱线缆束缚,而是让手机能实现中距离充电,并且效率不至于太差。

无线充电好处多多,但不足处也不可不知

无线充电的优点包括:

- 利用无线磁电感应充电的设备可做到隐形,设备磨损率低,应用范围广,公共充电区域面积相对的减小,但减小的占地面积份额不会太大。
- 技术含量高,操作方便,可实施相对的远距离无线电能的转换,但大功率无线充电的传输距离只限制在5米以内,不会太远。
- 操作方便,尤其是在给多台设备充电时。无线充电对手机的影响不大,但是,当所有电子产品都支持无线充电功能时,给用户带来的方便就比较有趣了。苹果称,未来型号的AirPods无线耳机将采用支持AirPower的充电盒,因此用户只需把它们放到充电板上即可充电。Apple Pencil触控笔急需无线充电功能,它目前的充电方法简直就是一个笑话。无线充电非常适用于小型电子产品。想象一下,在办公桌抽屉中放置一个充电板,用户可以将iPhone备用电池放到上面充电,在需要使用时,它们能保持满电状态。另外,用户只需要一个充电板即可给

多台设备充电。例如，在同事给iPhone充电时，用户无需拔下自己的iPhone。

- 无线充电有助于提升安全性。使用无线充电技术，意味着用户无需把iPhone与未知充电线相连，充电线是所有恶意企图的藏身之处。把iPhone放到充电板上应当是安全的——除非有黑客开发出利用无线充电方式的入侵能力，不过迄今为止这样的入侵能力还不存在。iPhone支持充电板后，在不久的将来，充电板将出现在宾馆、餐馆和其他公共场所。无线充电板的普及可能改变我们的工作和生活方式。出门时用户无需再随身携带硕大的备用电池，只需把手机放在看到的公共充电板上，即可给手机充电。充电板的普及程度可能堪比免费WiFi。许多人对使用充电线给手机充电相当满意，但随着越来越多的充电板出现，他们可能改变充电方法，尤其是在iPhone X或iPhone 8原生支持无线充电功能的情况下。设想一下如下场景，在朋友家作客时，如果发现手机电量低，我们通常会询问朋友能否给手机充电？如果咖啡桌上放置有充电板，我们就不用再问朋友了，直接把手机放上去充电即可。

无线充电也同时存在若干缺点：

- 虽然设备技术含量高，但设备的经济成本投入较高，维修费用大。
- 因实现远距离大功率无线磁电转换，所以设备的耗能较高。随着无线充电设备的距离和功率的增大，无用功的耗损也就会越大。
- 无线充电技术设备本身实现的是二次能源转换，也就是将网电降压（或直接）变为直流电后再进行一次较高频率的开关控制交流变换输出。由于大功率的电流转换是进行电能的二次性无线传输原因，所以电磁的空间磁损率太高。

无线充电板效率低下，根据设计以及用户手机在充电板上的位置，充电效率可能在30%～80%。这就是说，即使在理想状态下，也有20%的电能会被浪费掉。虽然充电效率一直在不断提升，但低功率充电（例如手机）的效率，低于高功率充电（例如电动汽车）——效率接近有线充电。

对于每一款设备来说，充电效率可能并非是个大问题。但苹果每秒钟销售10部iPhone，这意味着无线充电板很快就会普及，未来数年的数量将以千万计，电能浪费将是巨大的。对于地球生态环境和气候变化来说这是一个坏消息。

苹果全球营销高级副总裁菲尔·席勒（Phil Schiller）在2017年iPhone新产品发布会上宣布，苹果在努力"使无线充电体验变得更好"，但没有提及充电效率。席勒把重点放在同一充电板上同时给数款设备充电，使充电板与iPhone通信，在锁屏上显示电量的能力。充电效率无疑是一个需要优先考虑的问题，因此，苹果可能推动整个手机产业无线充电效率的提升。

无线充电的另外一大不足是，在充电时使用手机的难度大大增加。使用有线充电方式，用户在充电时可以拿着手机移动——虽然受到线缆长度的限制。在使用无线充电技术时，手机必须放在充电板上，如果用户在手机充电时只是播放音乐，这没有任何问题，但让手机完成其他功能就很痛苦了。由于不能把手机拿起来输入文字，就是发个短信都费劲。所以无线充电有待突破的技术难点还有很多。

第三篇

升级未来

颠覆·体验

生活在这个时代的我们,从某种意义上来说是幸运的,因为这个时代将给人类带来巨大的科技颠覆,而我们正是这一切的见证人。时代告诉我们,没有什么是难以替代的。我们正目睹着从信息时代到智能时代的变迁。那些经受了挑战与考验的产品将最终踏进我们的生活,或者更幸运的,变成我们生活的必需品,现在我们正翘首期待,带着未知和好奇,期待着革命的到来。当智慧金融、沉浸式技术、全息投影、移动物联网、语音识别和人工智能等逐渐渗透到我们生活中的时候,科技所带来的全方位体验代表着前所未有的愉悦感……

智慧金融

许阿姨来到小区外的工行网点，吃惊地发现，原本六七个窗口已经封闭，转而改成一排崭新的自助设备。银行理财经理说，今后的存取款、转账、缴费等业务，都可以在这些自助机上完成。手机银行免费转账、无密码刷脸取款、网点预约排队、全自助开卡……随着科学技术的突飞猛进，生活中的金融服务已经变得越来越便捷、越来越便宜。然而，这在许阿姨看来，银行已经把她这样的老人拒之门外了。"银行卡我都很少用，这些设备我更不会用了。把卡插进去，钱要是被我转丢了，该怪谁呢？"

缺乏现代科技应用能力的老年人，无法享受智慧金融的方便廉价，而沦为更加弱势的群体。随着空巢老人的增加，老年人来银行网点的目的不只是投资理财，还有一部分目的是与人交流，以及学习金融知识防范电信诈骗。因此他们对于高科技的需求与年轻人并不一样。我国虽然已经进入老龄化社会，但针对老年人需求的各项服务还远远没有跟上。老年人积蓄较多，对商业银行也是非常重要的客户群体。银行如果一味追求通过"高精尖"设备降低人工

投入，势必会流失一部分老年客户。

2013年以来，许多股份制商业银行发力社区银行，也是考虑到要与写字楼商圈的银行网点在功能上有所区别，吸引不同的客户群体。然而现在的社区银行并不能满足老人年需求，不仅没有人工现金柜台，而且老年人普遍需要的养老投资产品、遗产管理服务也很缺乏，更甭提针对老年人的智慧金融服务了。尽管如此，社区银行还是行动不便的老年人在金融服务方面的首选。专家建议，商业银行应该精细化管理，合理布局人工服务和自助服务，通过社区银行和社区O2O等手段，帮助老年人迈过高科技这道门槛，为老年人提供更加人性化的金融服务。

多数老年人对智慧金融望而却步

2016年，工、农、中、建、交五大行签订了加强账户管理合约，宣布陆续对客户通过手机银行办理的转账、汇款业务，无论跨行或异地都免收手续费。此前，不少城商行和股份制银行已经实现了网银和手机银行转账全免费。五大行的加入，意味着电子渠道跨行转账全免费时代正式来临。

但是，银行送上的这道免费大餐对于不会使用网银和手机银行的老年人来说，却只能眼巴巴看着。年近七旬的安阿姨退休前是大学老师，她自认为在同龄人中，自己的学习能力和认知能力还算比较强，但是一提起网银转账，安阿姨就直皱眉头，坦言自己学了很久都没学会。"大堂经理和儿子都教过我，但是实在太麻烦了，一会儿打电脑，一会看手机，一会儿还要按U盾的按钮，每一步操作还都有时间规

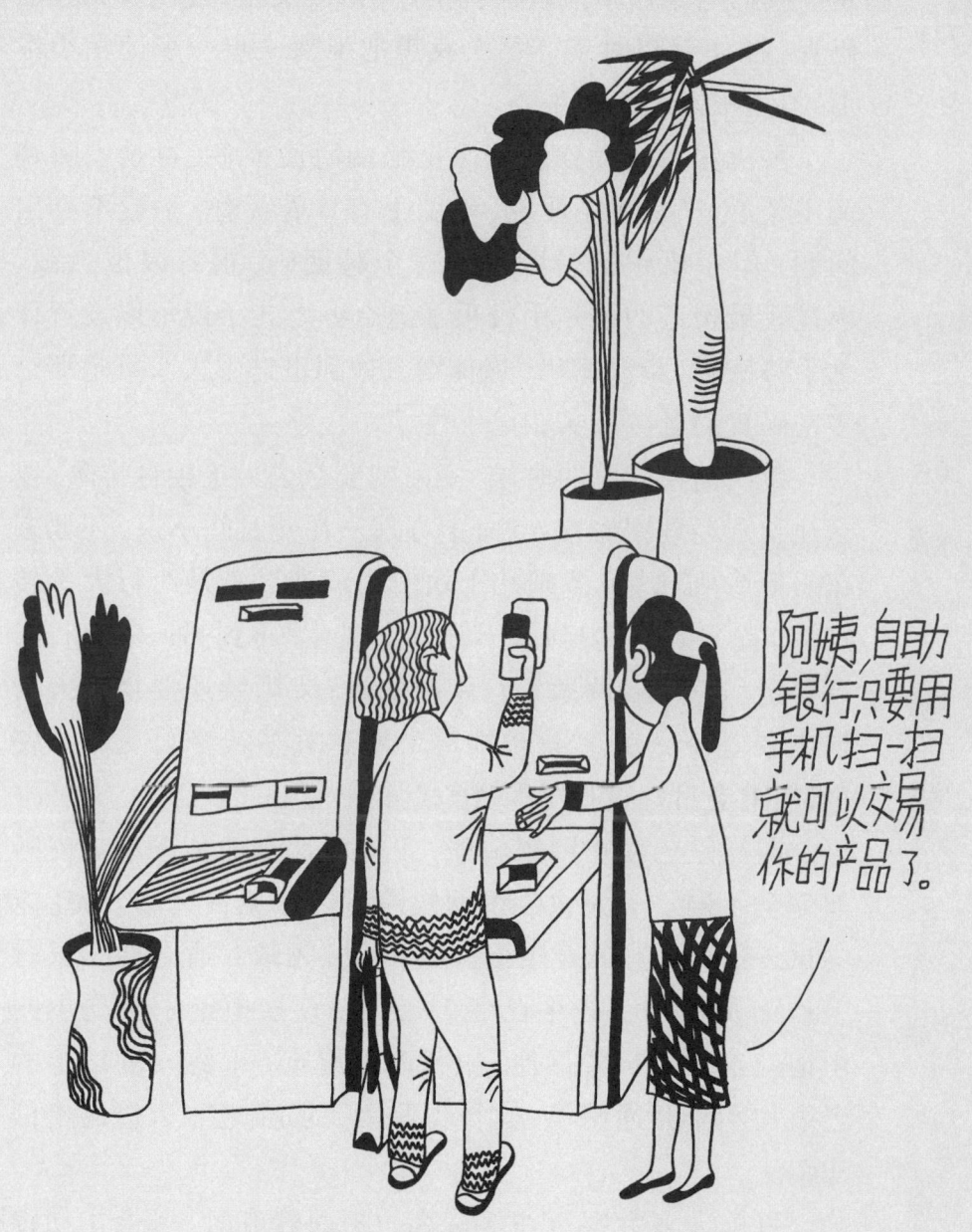

定。我们老年人本来眼神就不好，记性又差，还没找到验证码呢，操作就超时了。每次我想把步骤一步一步记在小本上，但是根本记不下来。"

手机银行的操作步骤比电脑端简便很多，可是安阿姨又不放心。"大堂经理说，电脑上有U盾管着，一般不会出问题；但手机银行转账只凭一个验证码，很容易被拦截。不过我最担心的还是手机丢了怎么办。儿子说可以设置什么手势密码、指纹密码，这样别人捡到也进不去。可是那么多密码我们老年人实在记不住。"

每次需要转账的时候，安阿姨要么去人工柜台排队，要么让大堂经理帮着在ATM上办理。耗费时间不说，还要多花一笔少则几块、多则几十块的手续费。若是跨行大额转账，为省手续费，安阿姨干脆取出现金，再到另一家银行网点存上。有时候两家银行距离较远，安阿姨还要携带大量现金乘坐公交车。"我也知道带着这么多钱坐公交车不安全，但咱老百姓过日子能省一点是一点吧。"

同样是想使用网银转账，王先生遇到的情况却与安阿姨完全不同。王先生听说网银跨行转账免费之后，希望能尝试一下，便去银行申请开通网银、领取U盾。谁知银行工作人员得知王先生已经71岁后，直接拒绝了王先生的申请。工作人员告诉他，银行内部规定，凡是65岁以上的老人均不予开通网银，这样做是为了防止老年人遭遇电信诈骗。

目前大多数银行在接待客户柜面转账时，都会主动询问客户是否认识对方、了解转账目的。因此电信诈骗分子通常在实施诈骗的过程中，会想尽一切办法让受害人独立完成汇款过程，不让受害人与银行工作人员交流。有些诈骗分子甚至非常"耐心"地指导受害人使用ATM机的英文界面进行汇款操作。然而随着自助机的广泛使用，人工柜面服务的减少，阻止老年人上当受骗的这最后一道防火墙的威力正在逐渐减弱。

面对银行里的高科技自助终端，老年人普遍望而生畏，宁愿排队等上半个小时，也不愿尝试那些冷冰冰的机器。但与之不相匹配的是，随着劳务派遣制柜员的减少，近年来多家银行纷纷裁撤人工柜台。某支行工作人员曾对记者表示，银行内部有规定，凡是两万元以下的小额取款业务，必须引导客户去ATM机办理，目的是分流柜面压力；并且这一指标计入大堂经理的考核体系，如果每天在柜台办理小额存取款的客户较多，那么大堂经理就会被扣分。

为老人定制的手机银行深度融合金融科技应用

在关注老年人的智能金融方面，上海银行早在2016年就走到了全国前列——为更好地服务中老年客户，上海银行在业内首家推出专门面向中老年客户的"美好生活版"手机银行，荣获了上海市政府颁发的2016年度上海金融创新成果提名奖等多个奖项。从2016年8月正式推出以来，活跃用户已近30万户，这意味着上海银行60岁以上手机银行客户中，有一半是从"美好生活版"开始走进手机银行的世界。这款针对老年人的手机银行得到广大客户认同，特别是作为发行上海新版社保卡11家合作银行之一，率先完成系统上线。

而且,上海银行经过对40家养老金网点近100位50岁以上老年客户的实地调研,推出的"美好生活手机银行"与普通手机银行相比,不设对外转账功能、使用超大字体,操作更便捷,充分考虑老年客户对手机银行的资金安全、服务内容和使用体验等方面的特定要求,破解老年客户对安全问题、误操作、功能复杂、字体小、使用不方便的诸多顾虑。

2017年8月,为了让更多老年客户"想用""可用""爱用","美好生活版"手机银行推出了升级版——不仅让老年客户看得更舒心、用得更顺手,还首次推出面向老年客户专属优惠券和超值购,为老年人精选更多贴心、优惠的服务。

上海银行的贴心,在上海老人群体中已经形成了口碑。家住虹口区的王阿姨说:"以前也用过其他银行的手机银行,觉得操作太复杂,但最主要担心自己搞不清楚,还把钱转走了,所以后来一直不用了。"但用了"美好生活版"手机银行后,王阿姨表示,"上海银行真的很为我们考虑,你看我只要这里点一下,老花镜也不用戴,活期、定期,清清楚楚。"而且,她爱人本来是跟着她学着用的,现在用得比她还熟练,现在家里的"定期"都直接在手机上存。

据悉,在此次推出的手机银行5.0版本中,上海银行面向零售、信用卡、养老金融客群贴心打造三种专属体验,并智能提供个性化和差异化的服务。其中,针对养老金融客群的智能服务包括基于老年客户特点提供精选理财、指纹登录、一站式资产总览、拟物化存单展示等。

深耕客户需求的背后,是上海银行以智慧金融助力服务理念的革新。上海银行的"智慧金融"发展蓝图将按两条路径推进:一是银行数字化,即银行自身的数字化改造。

主要依托大数据、云计算等技术,致力于效率提升、风险控制、精细化管理及决策支撑,实现高效的智慧运营,重构全面的风险区分与定价体系。二是数字化银行,即银行服务的数字化重塑。主要依托数据洞察、机器学习、区块链、生物技术等方面,致力于回归客户的生态和价值创造,追求场景化的智慧产品、生态化的智慧渠道、个性化的智慧服务及超预期的智慧体验。

此次手机银行5.0的上线,只是上海银行深入推进智慧金融的举措之一,后续还将发布供应链金融等一系列产品。未来,上海银行智慧金融将紧跟金融科技发展步伐,持续着力从智慧产品、智慧渠道、智慧体验、智慧运营四方面进一步打造完整的智慧金融数字化体系,为客户提供最佳的、与时俱进的智慧金融服务。

智慧金融由内及外地改变传统金融

智慧金融是建立在金融物联网基础上,通过金融云,使金融行业在业务流程、业务开拓和客户服务等方面得到全面的智慧提升,实现金融业务、管理、安防的智慧化。它具有海量数据感知分析、智能化决策服务、全方位互联互通、协作化社会分工等特征。智慧金融和传统金融虽然在本质上都是推动资金的有序流动,但是,智慧金融并不是传统金融信息化的升级版本,也不是传统金融的网络化。事实上,智慧金融和传统金融有显著区别,智慧金融彻底改变了传统金融的服务主体、服务内容、服务方式和服务组织。

科普新知

服务主体不同

在传统金融情况下,金融机构与用户形成一对一的服务关系,也就是说金融机构分别向每一个用户提供服务。银行、保险、证券及中介服务机构等,凭借自身建设的网点、网站,分别为客户提供金融服务。各家金融机构及中介服务机构各自为战,竞争多于合作。每个金融机构基本上独立完成主要的营销活动,包括寻找用户、制定营销组合、售后服务等。例如,当前大企业的贷款业务,通常由银行单独完成,甚至包括贷前、贷中、贷后的全部流程。而如今,中国的中小企业已达到千万量级,由银行包揽全部业务过程显然不现实。原有金融服务模式已经不能满足实际的发展需要。

而在智慧金融体系下,金融服务的形式呈现多对一的服务关系,即多个金融机构通过合作连接在一起,形成一个共同体,各尽所长,形成一个完善的产品,共同服务同一个用户。金融机构之间,以及金融机构与用户之间依托开放的服务平台,互联互通,相互交换信息,形成紧密的分工和协作关系。而每个金融机构都只是服务链条的一个节点,按照服务分工,充分发挥自身优势,为用户提供专业化的服务。所有这些节点的专业化服务汇集到一起,形成一个个完整的一站式服务包,分别作为一个整体,呈现给用户。

市场主导不同

传统金融服务模式下,银行在客户服务关系中,处于支配地位,起到主导作用。现阶段,我国企业融资渠道少,银行成为企业融资的主要来源,形成所谓的银行主导型金融体系。然而，企业的发展迫切需要大规模的资金，尤其中小企业更是面临融资困难的局面。资金是企业正常运转的血液，企业维持运营、提升技术、开拓市场都离不开资金的支撑。融资渠道不畅，导致银行的资金成为各方争抢的稀缺资源，供不应求。

在智慧金融阶段，用户跃升为整个金融服务链条的核心，形成用户主导型的金融服务体系。在智慧金融阶段，全社会的信息透明度更高，资本市场更发达，银行贷款、租赁、证券市场等融资模式更加完善。那些盈利能力强、信用记录好的企业更容易受到金融机构的青睐，成为金融机构抢夺的目标客户。为了提高竞争能力，金融机构会联合与其他机构，进行产品和服务的创新，提高服务质量，开拓更广泛的市场。

服务状态不同

智慧金融体系永远处在动态调整过程中，而传统金融服务体系在某一段时间内，处于相对静态中。传统金融体系下，由于信息获取渠道不畅，信息感知和分析能力滞后，金融体系的每一次决策和行动后，都会保持一段时间的相对稳定，直到信息积累到一定程度，才会被应用于决策，推动金融体系采取下一步行动。

智慧金融体系内，不断流动着信息流、信用流、任务流和资金流，整个系统处在动态的变化过程中。用户在变化、合作伙伴在变化、其他金融主体在变化、环境在变化，这一切的变化都会被金融主体即时地感知和分析，并不断调整自己的策略和行动，以适应外界的变化。这些变化永不停止，驱动整个金融体系保持相对稳定性和动态演化。

演化动力不同

传统金融体系的发展动力是其他组织的力量。在传统金融体系下,政府在制定金融规则和改变规则过程中,发挥更大的主动权,甚至超过了银行等金融机构和市场本身的驱动力。政府是规则的制定者和变革者,金融机构是实现经济、金融目标的桥梁。金融机构在政府制定的规则框架下运行,既是金融演进过程中的受益者,也是金融风险的主要承担者。

智慧金融体系的形成和演化都是一个自组织过程。金融机构主体通过不断感知外界信息,自发地、自主地向调整演化方向加速,从而提高服务效率,降低金融风险。在这个过程中,体系内的主体通过竞争和协同,在信息和利益不断交换中彼此约束,协同耦合,从而保持整个体系的有序运行。智慧金融体系下的发展动力是系统内部内各主体之间的竞争和协同,而不是政府的行政指令。

智慧金融与传统金融有着本质差别,这也启示我们在智慧金融建设过程中,要尊重智慧金融发展的规律性,科学规划,充分发挥金融主体的积极性和创造力。

沉浸式技术

增强现实（AR）、虚拟现实（VR）和混合现实（MR）等沉浸式技术正在快速发展，一定程度上改变了消费者、企业与数字世界的互动方式。用户期望更大程度上从2D界面转移到更身临其境的3D世界，从3D捕捉更丰富、更平滑的图景，从3D获得新的体验。影响面包括商业、店内体验、聊天机器人、虚拟助理、区域规划、监控等，人们将从只使用语言的功能升级到包含视觉元素在内的全方位体验。AR将超越VR，并满足用户的需求。

沉浸式技术的进步，加上人工智能和计算机视觉，将重塑用户与数字世界、现实世界互动的未来。从使用3D获取更丰富、平滑的输入，到使用3D来呈现新体验，用户的期望将从2D界面逐渐转向更丰富、更沉浸式的3D世界。

Gartner预计，到2020年，增强现实和虚拟现实将合并他们的特性和功能，预计微软的其他技术供应商可能在2019年推出更便宜的MR硬件。混合现实是市场中的一种沉浸式解决方案，不像AR和VR那么成熟，这项技术是通过一个带有透明镜头的耳机，将3D图形叠加到真实世界的

视图上。

　　MR促进了复杂的用户体验,增强了真实世界的视觉覆盖、音频和触觉反馈。混合现实目前处于早期阶段,以航空航天、空间探索、汽车制造、建筑和设计、医疗保健等领域为中心正在进行试点。该技术使企业能够使用复杂的多通道和多视觉体验来搭接物理真实世界和虚幻世界。

沉浸式虚拟现实及其催生出的沉浸式系统

　　沉浸式虚拟现实(immersive VR)提供参与者完全沉浸的体验,使用户有一种置身于虚拟世界之中的感觉。沉浸式虚拟现实明显的特点是:利用头盔显示器把用户的视觉、听觉封闭起来,产生虚拟视觉,同时,它利用数据手套把用户的手感通道封闭起来,产生虚拟触动感。系统采用语音识别器让参与者对系统主机下达操作命令,与此同时,头、手、眼均有相应的头部跟踪器、手部跟踪器、眼睛视向跟踪器的追踪,使系统达到尽可能的实时性。临境系统是真实环境替代的理想模型,它具有最新交互手段的虚拟环境。常见的沉浸式系统有:基于头盔式显示器的系统、投影式虚拟现实系统。

　　虚拟现实影院(VR theater)就是一个完全沉浸式的投影式虚拟现实系统。用几米高的六个平面组成的立方体屏幕环绕在观众周围,设置在立方体外围的六个投影设备共同投射在立方体的投射式平面上,观众置身于立方体中可同时观看由五个或六个平面组成的图像,完全沉浸在图像组成的空间中。

沉浸式（Immersion）系统是指运用头盔式、手套式、盔甲式的显示器和传感器使人的视觉、听觉、触觉及一切感觉沉浸在虚拟世界的计算机系统中，或者是指利用多个大型投影产生一个房间，观众处于其中而有一个身临其境的感觉。这是较高级的虚拟现实系统。

沉浸式系统是世界上一种成熟的高度沉浸式虚拟现实系统，它把高分辨率的立体投影技术、三维计算机图形技术和音响技术等有机地结合在一起，产生一个完全沉浸式的虚拟环境。在该系统中，3D环境中的任何物体，都可以感受参与者操作，并实施产生相应变化。

CAVE（Cave Automatic Virtual Environment）是一种基于投影的虚拟现实系统，它由围绕观察者的四个投影面组成。四个投影面组成一个立方体结构，其中三个墙面采用背投方式，地面采用正投方式。

观察者戴上液晶立体眼镜和一种六个自由度的头部跟踪设备，以便将观察者的视点位置实时反馈到计算机系统和体验身临其境的感觉。当观察者在CAVE中走动时，系统自动计算每个投影面正确的立体透视图像。同时，观察者手握一种称为Wand的传感器，与虚拟环境进行交互。

"VR+旅游"开启旅游新模式

因为信息非对称，爱好旅游的游客们在抵达目的地前无法分辨各种非真实的宣传或者攻略，经常会盲目做出行前决策，成为典型的"博傻"消费。于是，很多企业纷纷将VR技术应用到旅游行业，形成了"VR+旅游"的新模式。

科普新知

2016年清明小长假前,首都博物馆已经推出了VR观展模式,游客通过佩戴VR头盔可以近距离走进商代妇好墓,切身感受考古、挖掘、整理的全过程。

近日,暴风VR+旅游将从旅游产业发展层面实现真正的突破。暴风VR整合营销无疑实现了旅游产业的线下与线上的嫁接联合,这对于传统旅游产业来说,突破了传统旅行社的地域性限制,形成了新的VR旅游纵向发展模式。用户不再受到传统旅行社时间、行程等的束缚,能通过VR看到更多不一样且广阔的世界美景,达到"身临其境"般的"全沉浸"旅行感受。值得一提的是,VR旅游为用户带来的深度体验类型也极为丰富,除了能欣赏美景风光之外,用户通过VR技术还能提前了解当地的美食、美酒、人文等内容,在出发旅行之前与目的地之间有了最为直接的了解。

关于旅游,人们只是希望看到不同于本地的场景,也就是说,游客在为自己的体验买单。VR作为下一个具有革命性意义的互联网趋势的核心,在和旅游行业结合的情况下,VR技术将会有很大的想象空间,为旅游行业带来了新的营销整合模式。

▼ "VR+旅游"颇受旅游爱好者欢迎

VR与体感、5D等技术的全面融合将会使其有更丰富的应用场景,旅游也许只是VR走向实际应

用的第一步。

VR和旅游业的结合,是一个等待挖掘的巨大宝藏,通过VR技术来设定景区场景,能够吸引很多潜在的旅游人群。北京世纪网展科技有限公司(以下简称"网展")六月专题就是针对休闲娱乐的全景专题。届时,网展会联合国内数十家旅游景区和休闲娱乐会所倾力打造一场高质量、高标准、永不落幕的720度全景在线展示。网展期待更多与旅游相关的企业加入该平台,填补旅游行业与全景展示之间的商业空白,从而带动旅游业的发展。

AR/VR成为感知世界新方式

AR/VR为我们感知世界的方式带来了诸多改变。
- 从观看转向沉浸式体验:AR/VR提供了全新的创意媒介。它们将取代以往的直线式设备,用不断扩大的同心圆描绘世界,从而提供一种前所未有的沉浸和体验。这一创举是颠覆性的:用户不再只是观看内容,而是置身于不断扩大的虚拟世界中,并发现自己就处于这个虚拟世界的中心位置。这便是技术的沉浸式本质。AR/VR独特地提供了存在感和沉浸感,是一种全新的形式,全新的体验方式。
- 降低成本:虚拟原型能够缩短产品开发过程中的迭代时间和成本,同时提高终端产品的质量。虚拟原型设计的应用将使公司减少所需的原型数量,并大大减少从概念设计到生产和商业化的时间。虽然传统技术同样可以让公司进行原型设计,但是借助沉

浸式技术，设计师可以在AR/VR的环境中，更加直接的与他们的原型产品进行交互。这意味着，沉浸式技术为设计提供了更高的精准度，从而开发更加高质低价的终端产品，这一切是传统原型设计所无法达到的。

- 低门槛入行：沉浸式技术可以让小型公司以较低的成本生产高质量的内容。已经有技术可在数小时内处理360°影像，在这项技术出现之前，这个处理过程往往需耗费好几天时间。并且，影视制片商可以用较少的预算使用这项技术。同样，智能手机的应用使得移动摄影不再是专业摄影师和发烧友的专属。可以预期，AR/VR将为我们所有人开辟新的创新道路。

- 有助移情和认知：沉浸式技术能使我们更身临其境地体会问题。有人认为，AR/VR提供了其他媒介所达不到的真实体验感。虽然也有人认为，数字媒体消费的增加可能会使人们的同情心变弱。但很多在AR/VR领域工作的艺术家相信，这一媒介将成为"终极同情机器"，为社会提供其他群体和身份的视角。联合国创意总监Gabo Arora解释："你正在挖掘一种新的讲述故事和表达情感的方法。"如果这种积极的作用被证实，世界或许真会变得更富创意，更有温度。

AR/VR在提供沉浸式学习体验方面亦大有前景。除了游戏化学习，AR/VR的生物传感器还被用于精神放松领域，可以让人们用大脑进行人生中的第一次驾驶。Emotiv的首席执行官Tan Le说："沉浸式技术是一种大脑增强的形式，可以将我们的生物系统与数字设备联系在一起。"

更具前景的未来MR技术

就目前的视觉科技来说，AR/VR由于技术门槛较低而普及性相对较高，MR混合现实技术因为具有更高的技术门槛所以普及性相对较低。但因为MR所能实现的虚实结合效果颇具实际意义，所以目前包括英特尔、微软、三星等在内的巨头公司都在主推MR技术，该技术的应用领域除了大红大紫的游戏行业，更多的是我们较少关注却又与我们生活息息相关的领域。

MR技术的核心技术关键点在于如何能够在人的视线建立一个高清的、能够如人眼般切换前后物体准确对焦的虚拟实物。这也是相对于普通AR/VR设备最大的不同和优势所在。目前来说市面上最典型的民用级MR设备当属三星玄龙MR了。据很多亲身体验过玄龙MR的用户表示，通过该设备会发现人与视觉事物之间的距离感似乎消失了，有更加真实的全息感觉。而这种类似于虚拟模型快速构建和转化，并且能够提供内容丰富度的视觉技术的确是可以在很多领域得到利用。

目前的主流MR设备中，三星玄龙MR对电脑平台性能的依赖度较低，入门级电脑就能搭载三星玄龙MR，并且达成不错的效果。三星玄龙MR的两片AMOLED屏分辨率达到2 880×1 600，远远高于市面上大多数虚拟现实产品。其头盔两侧还自带AKG高品质耳机，视听全方位包围给人一种很强烈的代入感。加上两个手持控制器，玩家沉浸式的游戏体验非常真实。当然，其简单的安装操作也大大降低了其使用门槛，不少视觉系的发烧友玩家都用它来玩转

各种游戏,体验沉浸式的——视、听、触觉都全面融入游戏世界的真实感受。

同时,MR技术并不局限与游戏和娱乐,从某种意义上来说,正因为MR技术的特殊优势,其在未来各个行业的发展也具备更多的空间和潜能。这其中,MR技术与医疗、教育之间的结合最为紧密,也具有更加实际的意义和普及应用的可能。MR技术在医疗健康领域的应用已经越来越广泛,越来越多的MR技术开始集中使用在模拟训练和康复治疗两大领域。

远程医疗,优化利用医疗资源

如今医疗资源紧张,远程医疗的社会意义极其重大。目前,远程医疗仍然停留在简单的视频远程直播上。而MR设备可以帮助医生通过第一视角远程进行大量医疗工作:可以看到病人、听到患者的声音,还能有操作上的真实感知。这正是MR技术与远程医疗最佳的结合点,也是远程医疗未来发展的重点。

MR有望辅助医生手术,降低医疗风险

在手术中,MR技术未来可以与医疗系统进行深度的结合,帮助医生在手术之前准确获得手术部位的三维信息,做更加充分的术前准备,便于精准操作,最终达到提高手术质量并降低手术风险的效果。

MR有望创造更出色的教育实验环境

MR技术在教育行业中最大的延伸点是模拟环境下的实操体验。因为目前的教育越来越注重实践,纯理论的内

容已经无法满足越来越高的教育要求。MR技术创造的视听与体感相融合的沉浸式实验环境将大大改善

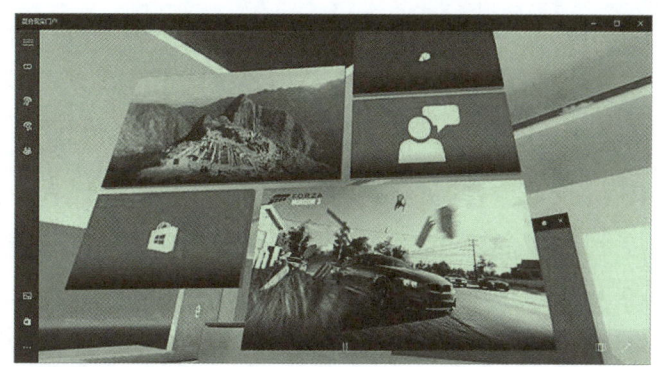

▲ MR渗透到教育培训领域

教育中"纸上谈兵"的现状。MR技术甚至有望帮助学生在校期间就可以临场体验和观摩专家级的操作,更能够亲自动手,感受模拟环境下的"真实体验"。MR作为新技术、新理念的新教育模式引入,将为教育拓展出新的教学空间和模式,给学生更多的代入感和启发性,优化教育成果。

目前,MR技术发展势头十分迅猛,支持的应用和平台也越来越多,而三星作为MR技术的主要开发推广厂商,其在研发和行业拓展上的力度也非常巨大,这都非常值得我们期待。而现在,三星玄龙MR已经在游戏的感受上给我们展现了足够的诚意和能力,并交出了一份很好的答卷。

沉浸式技术也有负面影响

AR/VR带来的更深入互动,很可能为健康和隐私带来负面影响。非屏幕的活动显然更加有益健康,但关于主要社交媒体的一个纵向研究发现,社交媒体互动与个人健康呈现负相关,"线上和线下的活动应该予以平衡"。在美

国,每周在社交媒体上花6~9小时的青少年认为自己不快乐的可能性,比那些花较少时间的同辈们多出47%。

由于用户对个人信息缺乏掌控,可能使其抵触长期使用新技术。世界经济论坛的一份报告显示,由于用户缺乏控制,六个国家中47%的用户已经停止或避免使用某一服务,尤其在中国,这一数据高达70%。这表明,消费者的首要顾虑就是隐私和对数据的控制。考虑到沉浸式技术中更强大的数据跟踪功能,比如眼动跟踪和面部表情跟踪,以及与触觉相关的触摸数据等,用户的个人数据处于风险中,所带来对隐私的担忧将远甚于以往任何时候。

如何应对沉浸式技术中浮现出的问题,有人提出了建议。首先,将个人数据控制权交还给用户——在个人用户和企业之间提供缓冲,用"隐私监督"浏览器插件自动屏蔽隐藏的第三方跟踪器,允许用户自定义和控制他们愿意共享的数据量。其次,要加强监管——如开发商不愿提供明确且令人能够接受的使用条款,监管机构必须介入个人保护中,可借鉴传统数字技术中已实施的监管框架。再次,可以管理消费——为解决过度使用的问题可以采用叫停措施,允许家长对孩子接触的内容类型设置过滤,对各应用的使用时间设限。最后,要重新思考数字技术的指标——随着沉浸式技术应用程序的不断开发及使用,企业应该兼顾用户满意度、基于软件服务的社会贡献、用户甚至监管机构愿意向他们朋友推荐的程度等因素。

沉浸式技术的广泛应用还有待时日,其解决方案在于更好的设计,将用户作为企业价值主张的核心,才能实现用户与内容及媒体之间愉悦、充分的互动,才能让广告营销更有的放矢,达到更佳效果。

全息投影

总是有人抱有这样的幻想：在未来，人类可以完全抛弃电视、电脑、手机这些带有屏幕的显示产品。就像在各种各样的科幻、谍战大片中，用手一挥，巨大的显示屏上多页图表或者照片直接出现在面前，无需触碰屏幕，用手一挥，屏幕上的内容自然切换，甚至能够让不同时空的人面对面进行交谈。所有这些，都被统称为全息影像技术。

真正的全息影像技术是指通过相干光干涉原理记录和查看图像，当合适地将其呈现时，便可以精确地再现被记录物体的三维外观。这是一种记录被摄物体反射（或透射）光波中全部信息（振幅、相位）的照相技术，而物体反射或者透射的光线可以通过记录胶片完全重建，仿佛物体就在那里一样。通过不同的方位和角度观察照片，可以看到被拍摄的物体的不同的角度，因此记录得到的像可以使人产生立体视觉。

需要认清的一点：真正的全息成像目前还没有真正进入应用阶段。其实，目前我们所能看到的关于全息3D的应用，大多运用的是一种伪装的全息技术——全息投影。真

正的全息影像可以不通过任何介质，从地平线上的空气中就能显示出影像，而且观看角度可以随意变换，体验者能够从三维立体的画面之中穿梭自如。但是，目前世界上还没有直接通过空气不通过其他介质呈现的技术涌现，绝大多数我们看到的舞台表演中运用的全息技术，都是"佩珀尔幻象"或是全息投影技术。

全息投影凝聚着几代光学人的心血

1947年，英国人丹尼斯·盖博（Dennis Gabor）在研究电子显微镜的过程中，提出了全息摄影术（Holography）这样一种全新的成像概念，并获得了诺贝尔奖。全息术的成像利用了光的干涉原理，以条纹形式记录物体发射的特定光波，并在特殊条件下使其重现，形成逼真的三维图像，这幅图像记录了物体的振幅、相位、亮度、外形分布等信息，所以称之为全息术，意为包含了全部信息。但在当时的条件下，全息图像的成像质量很差，只是采用水银灯记录全息信息，但由于水银灯的性能太差，无法分离同轴全息衍射波，大量的科学家花费了十年的时间却没有使这一技术有很大进展。

1962年，美国人雷斯和阿帕特尼克斯在基本全息术的基础上，将通信行业中"侧视雷达"理论应用在全息术上，发明了离轴全息技术，带动全息技术进入了全新的发展阶段。这一技术采用离轴光记录全息图像，然后利用离轴再现光得到三个空间相互分离的衍射分量，可以清晰的观察到所需的图像，有效克服了全息图成像质量差的问题。

1969年，本顿发明了彩虹全息术，能在白炽灯光下观察到明亮的立体成像。其基本特征是，在适当的位置加入一个一定宽度的狭缝，限制再现光波以降低像的色模糊，根据人眼水平排列的特性，牺牲垂直方向物体信息，保留水平方向物体信息，从而降低对光源的要求。彩虹全息术的发明，带动全息术进入了第三个发展阶段。传统全息技术采用卤化银等材料制成感光胶片，完成全息图像。

20世纪60年代末期，古德曼和劳伦斯等人提出了新的全息概念——数字全息技术，开创了精确全息技术的时代。

到了90年代，随着高分辨率CCD的出现，人们开始用CCD等光敏电子元件代替传统的感光胶片或新型光敏等介质记录全息图，并用数字方式通过电脑模拟光学衍射来呈现影像，使得全息图的记录和再现真正实现了数字化。数字全息技术的成像原理是，首先通过CCD等器件接收参考光和物光的干涉条纹场，由图像采集卡将其传入电脑记录数字全息图；然后利用菲涅尔衍射原理在电脑中模拟光学衍射过程，实现全息图的数字再现；最后利用数字图像基本原理再现的全息图进一步处理，去除数字干扰，得到清晰的全息图像。

数字全息技术是计算机技术、全息技术和电子成像技术结合的产物。它通过电子元件记录全息图，省略了图像的后期化学处理，节省了大量时间，实现了对图像的实时处理。同时，它可以通过电脑对数字图像进行定量分析，通过计算得到图像的强度和相位分布，并且模拟多个全息图的叠加等操作。

科普新知

3D全息投影不依赖眼镜就能打造视觉冲击

与普通摄影相比，全息成像具有如下优点：再造出来的立体影像有利于保存珍贵的艺术品资料进行收藏。拍摄时每一点都记录在全息片的任何一点上，一旦照片损坏也关系不大。

全息照片的景物立体感强，形象逼真，借助激光器可以在各种展览会上进行展示，会得到非常好的效果。

对比一下全息投影与3D技术，可以发现：全息投影是记录了物体所有图像信息来重塑整个物体，使人能够360°无死角地观看而产生立体感；3D技术则是通过记录物体部分图像信息，再通过模拟"双目效应"，使人产生立体感。

打个比方，全息投影犹如再造机，它记录下物体所有图像信息后，便在造出一模一样的个体；3D技术犹如复印机，它记录下物体某一面的图像信息，重新复印一次。由此可知，全息投影技术的技术含量远高于3D立体投影技术。

不仅从技术含量上全息投影更为先进，在投影质量上，全息投影同样是更胜一筹。3D不论立体感再如何强，它始终需要巨大的银幕作为背投，这便给观众一种非真实感，即感觉上始终是二维平面上的特技处理。

其次，3D只记录了物体部分的图像信息，因此画面并不完整，它只有120°左右的观看视角。比如，画面中有人物正对观众，如果观众想看看人物后背，他是不可能走到银幕背后去看人物的后背的，因为那里的图像信息并没有被3D记录下来，它丢失了。而全息投影则不同，它根本就

不需要银幕，因为整个画面是投影在空中的，这便不会产生3D的非真实感。

另外，全息投影记录了物体所有图像信息，它的观赏视角是360°无死角的，这就意味着，我们在3D中是不能走到画面背后去看人物后背，但在全息投影中，不仅仅是后背，人物的侧面、顶部、下部，一切视角的图像我们都可以看到，如同一个真实的人站在那里让我们观察，因为全息投影记录了物体的所有图像信息，它不存在丢失的情况。

未来3D全息投影无所不在

实现真正意义上的裸眼3D电影

我们都知道，目前为止在电影投影技术中，我们都是采用佩带偏振光眼镜而实现3D技术。但我们都知道这并不是真正的3D，因为它最终成像是在二维银屏上成像的。如果把全息技术应用到电影技术上，那么真正的3D电影将脱离银屏在立体三维空间中上演，并且完全摘掉偏振眼镜，实现裸眼3D技术。在2010年日本的《初音未来》演唱会上，就是通过全息技术虚拟出来的动漫歌手。随着全息技术的日渐成熟，全息3D走进电影院指日可待。

在通信设备中的应用

随着科技的进步，微电子以及集成电路的发展。各种电子设备都逐渐从以往大型设备过渡到高度集成的迷你型。从台式电脑到笔记本，再到如今苹果公司领军开发的iPad。电子产品已经发展到一个高度集成的领域。但是我们在享受高度集成带来的方便的同时,也颠覆了我们对PC的传统定义。比如键盘改为触屏式等。而运用全息技术可以虚拟出一个键盘,同时运用激光传感技术让我们能够在虚拟的键盘上进行操作。

3G时代以后,视频聊天已经不是电脑的专利。我们可以通过手机来实现视频的聊天。在全息技术中,我们将把想要聊天的人的立体图形成像在我们面前。这将是人类继计算机通讯时代后的又一个伟大的里程碑。

在医学中的应用

全息显微术是全息和显微相结合的技术,与一般显微技术相比,能储存标本物的整体。无需制备标本物的切片。尤其对一些活的标本物可以用高功率的连续光或者脉冲激光照全息图,长期保存,再现的图像具有立体性,能显示样品的细节。全息显微术主要有两种:一种是将全息技术和显微镜结合,称为"全息显微镜",解决了显微镜中分辨率本领与景深的矛盾,避免了像差影响而达到很小衍射极限,可以获得更大的视野;另一种是利用全息图本身的特点来进行放大,称为"全息放大"。如果拍摄时,采用不同波长,衍射角不同,这等于将全息图作了相应的调整,可以实现图像放大。全息显微术广泛应用于医学,生物学,科研方面等方面。

全息以它独特的优点解决了许多其他技术难以解决的问题,为疾病的诊治做出了贡献。激光全息技术首先在眼科疾病诊治的应用中获得了成功,一张全息照片提供的信息相当于480张普通眼底照片所提供的信息。在眼科疾病的诊断过程中,利用激光全息成像技术可以提供整个眼睛

的三维立体图像，并可以用显微镜对整个眼睛图像的不同位置（如角膜、前房、晶状体、玻璃体以及视网膜等）进行逐层观察和研究。也可以利用激光全息成像技术提供眼睛各个部位单独的三维立体图像以做深入的检查。在临床检查中，利用全息诊断方法可以查出直径在1 mm的乳腺癌，有利于癌症的早期诊断和治疗。

全息信息储存

光全息存储是依据全息的原理，将信息以全息照相的方式存储起来，也就是可以把信息存储和信息处理结合起来。全息信息存储是20世纪60年代随着激光信息发展而出现的一种全新的存储方式。其特点是大容量、高密度、高衍射率、低噪声、高分辨率和高保真度。光全息存储不仅容量大，而且有数据传输速率快，寻址时间短等特点。

军事领域的利用

全息技术可以弥补一般的空中、水下监视系统的不足。例如，一般雷达系统只能探测到目标的远近、方位和运动速度等，而全息监视系统能提供目标的三维图像。这在国防军事上具有重要意义，因为及时识别目标是飞机还是导弹，是潜艇还是鱼雷，对采取对策极其重要。全息术应用于军事使通信、导航、定位、检测等技术发生实质性的变化。全息术是正在蓬勃发展的光学分支，其应用正向纵深方向发展，已渗透到多个领域。成为近代科学研究工业及经济建设中有效的测试工具。

移动物联网

作为互联网基础上延伸和扩展的网络,物联网是继计算机、互联网和移动通信网之后的第三次信息产业浪潮,被列为国家重点发展的战略新兴产业之一。

物联网具有三个重要特点:

- 全面感知:利用射频识别、二维码、传感器等感知、捕获、测量技术随时随地对物体进行信息采集和获取。
- 可靠传送:通过将物体接入信息网络,依托各种通信网络,随时随地进行可靠的信息交互和共享。
- 智能处理:利用各种智能计算技术,对海量的感知数据和信息进行分析并处理,实现智能化的决策和控制。

全球物联网市场发展趋势表明,全球物联网应用增长态势明显,万物互联时代开启;技术进步和产业的逐步成熟推动物联网发展进入新阶段。根据中国通信院《物联网白皮书(2016)》、IDC、Gartner和麦肯锡的资料显示,2020年全球物联网市场规模将达到1.9万亿美元,全

球物联网设备连接数将达到300亿，创造的数据量将达到44ZB。

移动物联网（Mobile IoT, Mobile Internet of Things）是物联网的重要组成部分之一，狭义上来讲，是建立无线传感网络（Wireless Sensor Networks, WSN），使得移动设备物物相连。移动物联网由于其便携、可移动等特性，将会使物联网的应用场景更为广泛。

移动物联网打造万物互联时代

移动设备进入物联网，物联网的应用场景更为广泛，给传统物联网注入了新的增长动力。移动终端具有多样性，包括智能手机、智能穿戴设备、交通工具、家居等；移动物联网的应用场景也多种多样，包括但不限于车道级导航、无人机作业、智慧物流、运动穿戴等。

移动物联网的产业链分为四个层次，包括感知层、网络层、平台层和应用层。感知层由感知设备供应商、通信模块供应商构成，感知设备供应商通过对感知和场外数据的整合，将信息传递给通信模块供应商。而两者又都向导航卫星及基站提供商提供支持和服务，帮助其将卫星基站数据传输给网络层的通信网络运营，再将信息传递给平台层的企业。

平台层内又有两大分层，一层是由云计算服务商、位置及授时服务商、物联网服务商组成的IaaS层。另一层是由中间件及应用开发商、解决方案提供商组成的Paas+Sass层，其中中间件及应用开发商包含了中间件提供商、中间件互补品提供商以及微操作系统商。

这里值得注意的一点是,中间件互补品供应商的出现,主要是由于移动物联网的应用场景十分复杂,需要不同专业领域的互补品与移动物联网结合,形成能够直接给用户使用的产品。

移动物联网产业链的终端是政企用户和个人与家庭用户,包含了智慧工厂、智慧城市、智能家居、智慧出行等多个领域。

移动物联网集成系列前沿技术

移动物联网重要技术包括感知与标识技术、网络与通信技术、计算与服务技术和管理与支撑技术。它们相互依托,构成了移动物联网最核心的技术体系。

感知与标识技术

感知和标识技术是物联网的基础,负责采集物理世界中发生的物理事件和数据,实现外部世界信息的感知和识别。

- 传感技术:传感技术利用传感器和自组织传感器网络,协作感知、采集网络覆盖区域中被感知对象的信息。传感器技术依附于敏感机理、敏感材料、工艺设备和计测技术,对基础技术和综合技术要求非常高。
- 识别技术:识别技术涵盖物体识别、位置识别和地理识别,对物理世界的识别是实现全面感知的基

础。物联网标识技术是以二维码、RFID标识为基础的，对象标识体系是物联网的一个重要技术点。
- 具体应用方式：通过从传感器等器件获取状态信息，处理之后，通过传感器传输网关将数据传递出去。
- 硬件需求：传感器包括摄像机检测设备、监控设备等，控制器包括信号、机械控制设备等，计量器包括里程表、速度表、水位表、温度表等。

网络与通信技术

网络是物联网信息传递和服务支撑的基础设施，通过泛在的互联功能，实现感知信息高可靠性、高安全性传送。
- 接入与组网：物联网的网络技术涵盖泛在接入和骨干传输等多个层面的内容。以传感器网络为代表的末梢网络与骨干网络进行充分协同，发展固定、无线和移动网及Ad-hoc网技术、自治计算与连网技术等。
- 通信与频段：物联网需要综合各种有线及无线通信技术，物联网终端一般使用工业科学医疗（ISM）频段进行通信，频段内包括大量物联网设备，以及现有的WiFi、超宽带（UWB）、ZigBee、蓝牙等设备。
- 具体应用方式：通过公网或者专网将信息、数据与指令在感知层、平台及应用层之间传递。
- 传输网络：GSM№R、WiFi、3G、4G、5G等，具备环境状态监控、分析与预警能力，能够进行运营安全监控与控制。

计算与服务技术

海量感知信息的计算与处理是物联网的核心支撑，而服务和应用则是物联网的最终价值体现。
- 信息计算：海量感知信息的数据融合、高效存储、语义集成、并行处理、知识发现和数据挖掘等关键技术，是物联网信息技术的主要方向。利用云计算技术，提升数据并行处理能力，通过对分析优化算法的改进与创新，使数据能够在流动的各个最佳环节来实施处理，为海量信息提供高效利用的支撑。
- 服务计算：物联网的数据模式与运算需求的主要趋势是大范围、分布式的数据传输、处理、分析，以及多个系统的互联、协调与管理。计算服务平台具有开放的体系与架构，屏蔽复杂性，支撑多种前、后端服务（传感器服务、数据源服务、数据分析处理服务、应用服务、管理服务）的灵活接入与互联，并提供必要的隐私、安全、合规等方面的保障。
- 具体应用方式：通过感知层及网络层获得数据后，对数据进行必要的路由、处理与分析优化，再通过网络层发布至终端。
- 数据的路由：数据的融合、数据的处理与挖掘，能够实现业务流程及应用整合，以及仿真、优化等决策支持。

管理与支撑技术

管理与支撑技术保证了物联网实现的"可运行、可管理、可控制"。
- 测量分析：高效的物联网测量分析关键技术及面向服务感知的物联网测量机制与方法。
- 网络管理：物联网行业有别于传统行业及互联网行

业，需要有新的物联网管理模型与关键技术，保证网络系统正常高效的运行。
- 安全保障：物联网安全关键技术需要满足机密性、真实性、完整性、抗抵赖性的四大要求，同时还需解决好物联网中的用户隐私保护与信任管理问题。

移动物联网关键技术及其应用

- 射频识别技术：感知技术中的一种，是一种利用射频通信实现的非接触式数据采集技术。可以用于铁路车号识别、身份证和票证管理、动物标识等。
- 传感器：感知技术中的一种，是一种感知声、光、热、力、电、位移等信号，可以用于无线传感器网络、建筑物位移、山体滑坡检测等。
- 二维码技术：感知技术中的一种，是一种通过图像输入设备或光电扫描设备自动识读以实现信息自动处理，可以用于物料跟踪、车辆监控网络等。
- 无线网络技术：传输技术中的一种，是一种以3G技术和WiFi为代表的最新无线互联网技术，可以用于无线仓储管理系统、语音呼叫通讯、病人实时数据采集等。
- 智能技术：智能技术中的一种，是一种使得物体具备一定的智能性，能够主动或被动的实现与用户的沟通的技术，可以用于人机交互系统、智能控制技术与系统、智能信号处理等。
- GPS、RTLS技术：定位技术中的一种，实现任何时间、任何事物、任何地点之间的连接的技术，可以用于基于位置的服务、车载定位、配送管理。

移动物联网技术的主要应用场景

工业物联网中,智能设计、智能制造和智慧物流是三大主要板块。智能设计是指移动端与工厂平台互联,基于个体需求,为用户提供个性化的、远程的设计、推荐和下单。智能制造是工厂的智能机器之间逐渐实现直接的横向连接,并且通过工业云平台的方式,将实时控制功能下沉到智能机器。智慧物流是指工厂通过智能互联,来监控产品出厂和物流运送全过程,实现货物安全、及时、可靠地送达。

2017年工信部发布《关于全面推进移动物联网(NB-IoT)建设发展的通知》进一步为移动物联技术在工业场景中的应用指明方向。通知指出要积极探索NB-IoT技术与工业互联网相结合的应用场景,探索NB-IoT技术与智能制造相结合,利用NB-IoT技术实现对生产制造过程的监控和控制,拓展NB-IoT技术在物流运输、农业生产等领域的应用,助力制造强国建设。

移动物联网在生活中的应用主要是智能出行、智能穿戴和智慧家居。智能出行的共享单车行业中,双寡头垄断局面继续维持,细分市场替代品实力不容小觑。公共自行车资深龙头——永安行,和主推电动车以另辟蹊径的享骑电动车,成为市场竞争的新生力量。在智能手机端的地图应用中,截至2017年上半年,数据显示市场呈现双寡头垄断的竞争格局——百度地图和高德地图以33%和32.7%份额领跑市场,中小地图厂商紧随其后。随着科技进步,预计双寡头竞争仍将升温。车联网市场结构复杂,未来的合作形式将是整车厂商、地图提供商、有用户有服务有平台厂商

科普新知

▲ 移动物联网使生活品质更完美

的合作。百度、阿里、腾讯平台的竞争方式是抢占车载信息系统入口，从软件服务、开放平台发展到硬件升级服务。

　　智能穿戴领域的产品质量参差不齐，其中苹果稳居首位，三星、华为等品牌市场份额较少。智慧家居行业将加速发展，预计可从2015年65亿元的市场规模，发展到2018年的225亿元市场规模，实现将近四倍的增长。其中，小米、京东、海尔等龙头厂商凭借资源优势，行业领先。智慧家居行业协议与技术标准开始互相融合，并购成为市场竞争的主流。

基于移动物联网的新型应用层出不穷

移动物联网+城市管理

　　移动物联网+城市管理，实现"智慧城市"。有了移动物联网的助力，所有在街道上移动的人、物都可以得到精准

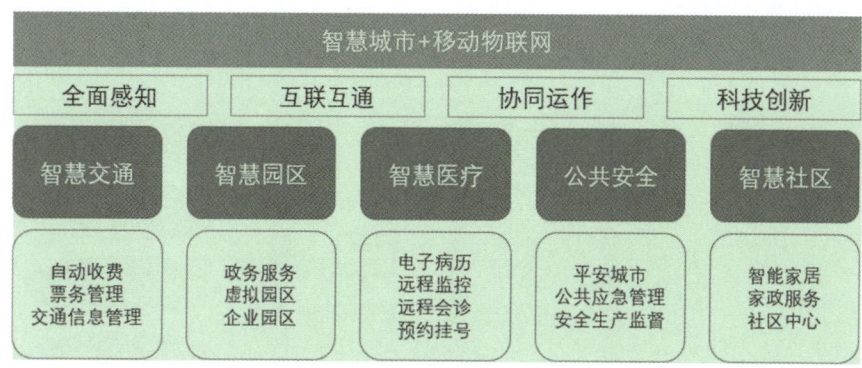

智慧城市+移动物联网应用场景概览

描绘,能达到精准避开所有出行高峰地带;在平安城市打造上,不仅能实现定点的监控,移动的公共设施也能发挥实时检查城市安全的作用。

据BCG预测,2020年全世界智慧城市总投资额将达到1 200亿美元。根据IOT Analytics统计,物联网应用中智慧城市的相关项目占比高达20%,是物联网技术的重要应用载体。

移动物联网+物流

移动物联网+物流实现"智慧物流"。有移动物联网助力,快件、集装箱等物资运送载体能够被精准监控,动态规划最快到达目的地路径;实现自动化分拣、包装、调度,会大幅提高物流效率;甚至有可能达到全国各地隔天配送的速度。

据阿里研究院预测,未来五年左右,全年物流包裹量有望超过1千亿件。货品的运输、仓储、装卸、搬运等七个环节在智慧物流下可以一体化集成,效率至少提升30%,捡货准确率接近100%。

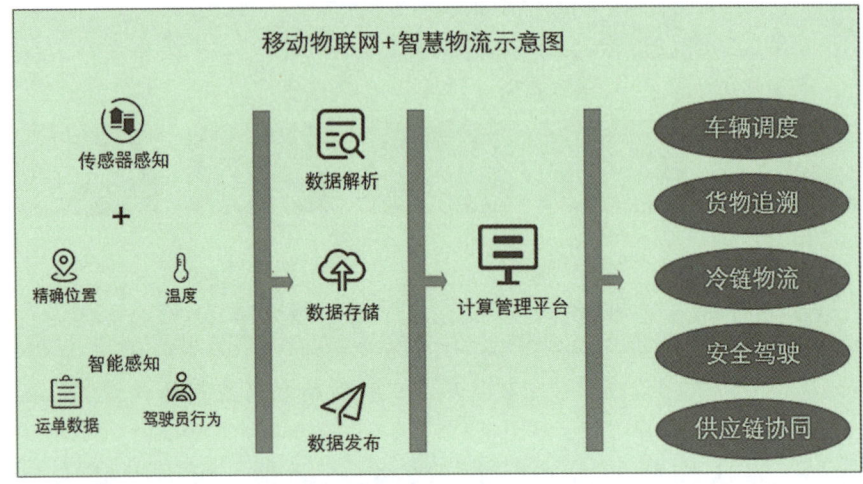

▲ 智慧物流＋移动物联网示意图

移动物联网＋可穿戴设备

移动物联网＋可穿戴设备实现智慧穿戴。有了移动物联网的助力，可穿戴设备可以实现比手机更多的功能，户外运动时可以实时动态以厘米级别追踪设备位置，小孩、老人安全定位可以追踪至楼层等。

移动物联网＋汽车

移动物联网＋汽车实现"智慧出行"。有了移动物联网的助力，汽车可以实现全面联网，可以通过汽车监控道路交通，规划出行路线，避开车流高峰，也可以实现无人驾驶。可以实时动态追踪车辆安全状态，实现机器自查，防患于未然。

据艾媒咨询数据显示，2014年中国车联网市场规模达到1 100亿元，2015年达到1 550亿元，增长率为40.9%。目前车联网在某些方面已经开始有所应用，并释放出较大的利润，但是还没有达到真正意义上的车联网。目前，国内

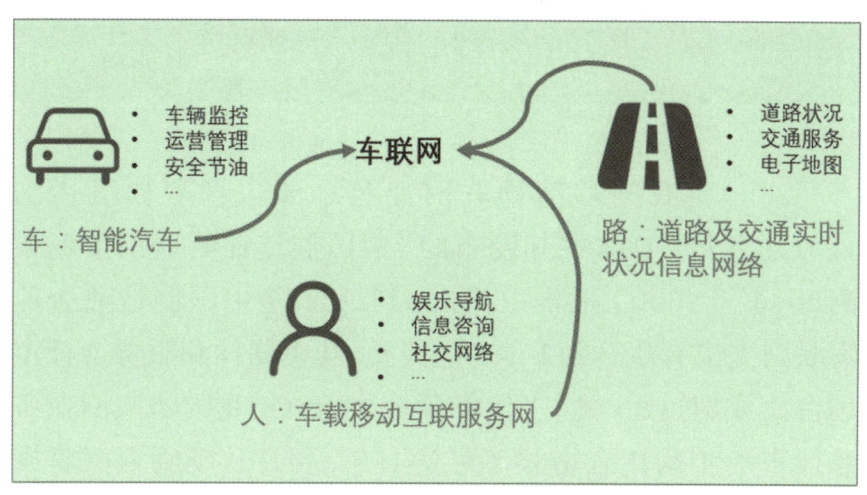

▲ 车联网是通向智慧出行的必由之路

车联网的发展与国外相比还有一定的差距。

移动物联网+出行

移动物联网+出行实现"智慧共享出行"。除了汽车,移动物联网也会提高共享出行(包括单车、汽车等)的用户体验。例如网约车定位将更加准确,共享单车、共享汽车找起来更加方便。企业方便监控,用户方便寻找。

汽车共享出行在中国拥有广阔的发展前景,其直接需求由2015年的816万次/天快速增长至2018年的3 700万次/天,对应市场容置有望由660亿元/年增长至3 800亿元/年,而潜在需求带来的潜在市场容置有望达到1.8万亿元。

汽车共享出行已经迅速发展到年订单量17.7亿单、吸引投资234亿美元,并仍在加速发展中,显示出强大的生命力。汽车共享出行将成为生机无限的蓝海。

移动物联网发展趋势预测

2020年我国移动物联网业务总体市场规模可达到1.76万亿元。IDC在其发布的《中国制造业物联网市场预测2016～2020》报告中指出，到2020年中国制造业企业物联网支出有望达到1 275亿美元，其中软件和服务合计市场占比或超过60%。工信部预计，2020年我国物联网业务总体市场年均复合增长率可达15%，预计移动物联网将来的复合增长率也将达到同等水平。

移动物联网的未来经济效益将会成为颠覆性技术当中重要的部分，万亿美元级容量的市场将会给移动物联网产业链上各个部分的主体带来巨大的经济效益。

未来几年内，车联网将迎来爆发性增长，行业巨头将逐渐显现。移动物联网+出行领域进入日常生活。此外，智慧物流会成为物流行业的成熟运作方式。

未来10年左右，可穿戴设备作为移动物联网的一部分，开始驶入发展快车道。无人驾驶被世界部分国家允许使用。同时，利用移动物联网数据进行大数据挖掘的新行业将会产生。

未来15～20年，移动物联网将开启爆发式增长，各类应用进入消费领域，各项技术被广泛使用，消费者将非常熟悉移动物联网的各类应用。

移动物联网是一个长尾市场，B端虽然很重要，但连接量的爆发主要依赖C端的崛起。移动物联网的应用场景更加明晰，客户价值更加明显，可以预计：

- 碎片化的移动物联网应用场景将催生一批中小

企业；
- 规模化应用场景下，将会有契机出现大型企业；
- 多场景的整合，将诞生移动物联网行业的巨头。

大量移动物联网设备的接入，将产生海量的数据，这会出现大量的数据挖掘机会，而应用场景的数据有了移动物联网设备精准时空位置的标签，将会产生巨大的价值。通过把不同类型的数据通过精确的时间、空间和设备进行梳理，将会形成非常宝贵的数据资产，产生巨大的商业价值。

移动设备通过高精位置与传输技术相互连通，环环相扣，与应用场景互补品结合，形成产业生态。

移动物联网设备通过无线传输，与卫星、基站等进行互动，结合应用场景的互补品，形成应对各种复杂应用场景的解决方案；同时构成闭环生态，相互联系、相互支持，这个系统将涌现更多创新机会。

在这个移动物联网产业生态系统中，数据挖掘进一步提高服务商个性化服务的能力，通过服务场景+数据，移动物联网正在开启精准服务的新时代。

语音识别

近20年来,语音识别技术取得显著进步,开始从实验室走向市场。人们预计,未来10年内,语音识别技术将进入工业、家电、通信、汽车电子、医疗、家庭服务、消费电子产品等各个领域。很多专家都认为语音识别技术是2000年至2010年间信息技术领域十大重要的科技发展技术之一。

与机器进行语音交流,让机器明白你说什么,这是人们长期以来梦寐以求的事情。中国物联网校企联盟形象地把语音识别比做"机器的听觉系统"。语音识别技术就是让机器通过识别和理解过程把语音信号转变为相应的文本或命令的高技术。语音识别技术主要包括特征提取技术、模式匹配准则及模型训练技术三个方面。语音识别技术车联网也得到了充分的引用,例如在车联网中,只需按"一键通"客服人员口述即可设置目的地直接导航,安全、便捷。

语音识别的研究吸引国内外大批学者

国外进展

1952年贝尔研究所Davis等人研究成功了世界上第一个能识别10个英文数字发音的实验系统。

1960年英国的Denes等人研究成功了第一个计算机语音识别系统。

大规模的语音识别研究是在进入20世纪70年代以后,在小词汇量、孤立词的识别方面取得了实质性的进展。DARPA(Defense Advanced Research Projects Agency)是在70年代由美国国防部远景研究计划局资助的一项10年计划,其旨在支持语言理解系统的研究开发工作。

进入80年代以后,研究的重点逐渐转向大词汇量、非特定人连续语音识别。在研究思路上也发生了重大变化,即由传统的基于标准模板匹配的技术思路开始转向基于统计模型(HMM)的技术思路。此外,再次提出了将神经网络技术引入语音识别问题的技术思路。美国国防部远景研究计划局又资助了另一项为期10年的DARPA战略计划,其中包括噪声下的语音识别和会话(口语)识别系统,识别任务设定为"(1 000单词)连续语音数据库管理"。

进入90年代以后,在语音识别的系统框架方面并没有什么重大突破。但是,在语音识别技术的应用及产品化方面出现了很大的进展。其研究重点已转向识别装置中的自然语言处理部分,识别任务设定为"航空旅行信息检索"。

日本也在1981年的第五代计算机计划中提出了有关语音识别输入-输出自然语言的宏伟目标,虽然没能实现预

科普新知

期目标,但是有关语音识别技术的研究有了大幅度的加强和进展。1987年起,日本又拟出新的国家项目——高级人机口语接口和自动电话翻译系统。

国内进展

中国的语音识别研究起始于1958年,由中国科学院声学所利用电子管电路识别10个元音。直至1973年才由中国科学院声学所开始计算机语音识别。由于当时条件的限制,中国的语音识别研究工作一直处于缓慢发展的阶段。

进入20世纪80年代以后,随着计算机应用技术在中国逐渐普及和应用以及数字信号技术的进一步发展,国内许多单位具备了研究语音技术的基本条件。与此同时,国际上语音识别技术在经过了多年的沉寂之后重又成为研究的热点,发展迅速。就在这种形式下,国内许多单位纷纷投入这项研究工作中去。

1986年3月,中国高科技发展计划("863"计划)启动,语音识别作为智能计算机系统研究的一个重要组成部分而被专门列为研究课题。在"863"计划的支持下,中国开始了有组织的语音识别技术的研究,并决定了每隔两年召开一次语音识别的专题会议。从此中国的语音识别技术进入了一个前所未有的发展阶段。

最新动态

近几年来,特别是2009年以来,借助机器学习领域深度学习研究的发展,以及大数据语料的积累,语音识别技术得到突飞猛进的发展。

技术方面的动向包括:

1. 将机器学习领域深度学习研究引入语音识别声学模型训练,使用带RBM预训练的多层神经网络,极大提高了声学模型的准确率。在此方面,微软公司的研究人员率先取得了突破性进展,他们使用深层神经网络模型(DNN)后,语音识别错误率降低了30%,是近20年来语音识别技术方面最快的进步。

2. 目前大多主流的语音识别解码器已经采用基于有限状态机(WFST)的解码网络,该解码网络可以把语言模型、词典和声学共享音字集,统一集成为一个大的解码网络,大大提高了解码的速度,为语音识别的实时应用提供了基础。

3. 随着互联网的快速发展,以及手机等移动终端的普及应用,目前可以从多个渠道获取大量文本或语音方面的语料,这为语音识别中的语言模型和声学模型的训练提供了丰富的资源,使得构建通用大规模语言模型和声学模型成为可能。在语音识别中,训练数据的匹配和丰富性是推动系统性能提升的最重要因素之一,但是语料的标注和分析需要长期的积累和沉淀,随着大数据时代的来临,大规模语料资源的积累将提到战略高度。

在应用方面,近期语音识别在移动终端上的应用最为火热。语音对话机器人、语音助手、互动工具等层出不穷,许多互联网公司纷纷投入人力、物力和财力开展此方面的研究和应用,目的是通过语音交互的新颖和便利模式迅速占领客户群。

目前,国外的应用一直以苹果的siri为龙头。而国内,科大讯飞、云知声、盛大、捷通华声、搜狗语音助手、紫冬口译、百度语音等系统都采用了最新的语音识别技术,市面上其他相关的产品也直接或间接嵌入了类似的技术。

语音识别是交叉学科,也是系统工程

语音识别主要有以下五个问题:

1. 对自然语言的识别和理解。首先必须将连续的讲话分解为词、音素等单位,其次要建立一个理解语义的规则。

2. 语音信息量大。语音模式不仅对不同的说话人不同,对同一说话人也是不同的,例如,一个说话人在随意说话和认真说话时的语音信息是不同的。一个人的说话方式随着时间变化。

3. 语音的模糊性。说话者在讲话时,不同的词可能听起来是相似的。这在英语和汉语中常见。

4. 单个字母或词、字的语音特性受上下文的影响,以致改变了重音、音调、音量和发音速度等。

5. 环境噪声和干扰对语音识别有严重影响,致使识别率低。

语音识别方法主要是模式匹配法。在训练阶段,用户将词汇表中的每一词依次说一遍,并且将其特征矢量作为模板存入模板库。在识别阶段,将输入语音的特征矢量依次与模板库中的每个模板进行相似度比较,将相似度最高者作为识别结果输出。

根据识别的对象不同,语音识别任务大体可分为3类,即孤立词识别(isolated word recognition),关键词识别(或称关键词检出,keyword spotting)和连续语音识别。其中,孤立词识别的任务是识别事先已知的孤立的词,如"开机""关机"等;连续语音识别的任务则是识别任意的连续语音,如一个句子或一段话;连续语音流中的关键词检测针对的是连续语音,但它并不识别全部文字,而只是检测已知的若干关键词在何处出现,如在一段话中检测"计算机""世界"这两个词。

根据针对的发音人,可以把语音识别技术分为特定人语音识别和非特定人语音识别,前者只能识别一个或几个人的语音,而后者则可以被任何人使用。显然,非特定人语音识别系统更符合实际需要,但它要比针对特定人的识别困难得多。

另外,根据语音设备和通道,可以分为桌面(PC)语音识别、电话语音识别和嵌入式设备(手机、PDA等)语音识别。不同的采集通道会使人的发音的声学特性发生变形,因此需要构造各自的识别系统。

语音识别的应用领域非常广泛,常见的应用系统有:语音输入系统,相对于键盘输入方法,它更符合人的日常习惯,也更自然、更高效;语音控制系统,即用语音来控制设备的运行,相对于手动控制来说更加快捷、方便,可以用在诸如工业控制、语音拨号系统、智能家电、声控智能玩具等许多领域;智能对话查询系统,根据客户的语音进行操作,为用户提供自然、友好的数据库检索服务,例如家庭服务、宾馆服务、旅行社服务系统、订票系统、医疗服务、银行服务、股票查询服务等。

根据声学特征提取声学模型和语言模型

声学特征的提取与选择是语音识别的一个重要环节。声学特征的提取既是一个信息大幅度压缩的过程,也是一

个信号解卷过程,目的是使模式划分器能更好地划分。由于语音信号的时变特性,特征提取必须在一小段语音信号上进行,也即进行短时分析。这一段被认为是平稳的分析区间称之为帧,帧与帧之间的偏移通常取为帧长的1/2或1/3。通常要对信号进行预加重以提升高频,对信号加窗以避免短时语音段边缘的影响。

语音识别系统的模型通常由声学模型和语言模型两部分组成,分别对应于语音到音节概率的计算和音节到字概率的计算。

HMM声学建模:马尔可夫模型的概念是一个离散时域有限状态自动机,隐马尔可夫模型HMM是指这一马尔可夫模型的内部状态外界不可见,外界只能看到各个时刻的输出值。对语音识别系统,输出值通常就是从各个帧计算而得的声学特征。用HMM刻画语音信号需作出两个假设,一是内部状态的转移只与上一状态有关,另一是输出值只与当前状态(或当前的状态转移)有关,这两个假设大大降低了模型的复杂度。HMM的打分、解码和训练相应的算法是前向算法、Viterbi算法和前向后向算法。

语音识别中使用HMM通常是用从左向右单向、带自环、带跨越的拓扑结构来对识别基元建模,一个音素就是一个三至五状态的HMM,一个词就是构成词的多个音素的HMM串行起来构成的HMM,而连续语音识别的整个模型就是词和静音组合起来的HMM。

上下文相关建模:协同发音,指的是一个音受前后相邻音的影响而发生变化,从发声机理上看就是人的发声器官在一个音转向另一个音时其特性只能渐变,从而使得后一个音的频谱与其他条件下的频谱产生差异。上下文相关建模方法在建模时考虑了这一影响，从而使模型能更准确地描述语音，只考虑前一音的影响的称为Bi-Phone，考虑前一音和后一音的影响的称为Tri-Phone。

英语的上下文相关建模通常以音素为基元，由于有些音素对其后音素的影响是相似的，因而可以通过音素解码状态的聚类进行模型参数的共享。聚类的结果称为senone。决策树用来实现高效的triphone对senone的对应，通过回答一系列前后音所属类别（元/辅音、清/浊音等）的问题，最终确定其HMM状态应使用哪个senone。分类回归树CART模型用以进行词到音素的发音标注。

语言模型主要分为规则模型和统计模型两种。统计语言模型是用概率统计的方法来揭示语言单位内在的统计规律，其中N-Gram简单有效，被广泛使用。

N-Gram：该模型基于这样一种假设，第n个词的出现只与前面$n-1$个词相关，而与其他任何词都不相关，整句的概率就是各个词出现概率的乘积。这些概率可以通过直接从语料中统计n个词同时出现的次数得到。常用的是二元的Bi-Gram和三元的Tri-Gram。

语言模型的性能通常用交叉熵和复杂度（Perplexity）来衡量。交叉熵的意义是用该模型对文本识别的难度，或者从压缩的角度来看，每个词平均要用几个位来编码。复杂度的意义是用该模型表示这一文本平均的分支数，其倒数可视为每个词的平均概率。平滑是指对没观察到的n元组合赋予一个概率值，以保证词序列总能通过语言模型得到一个概率值。通常使用的平滑技术有图灵估计、删除插值平滑、Katz平滑和Kneser-Ney平滑。

人机交互的语音化与可视化融合

如我们所见，国内外科技巨头在人工智能语音识别产品落地载体选择上，是各有喜好，国外更为青睐智能音箱，而国内则集中精力于智能电视。但在产品的交互进化上，却可以说是殊途同归，甚至可以说，国内科技企业更是走在了前面，更早地开启了人工智能语音识别产品交互方式的进步，使其交互方式从此前的纯语言交互进化为语音化与可视化相融合的新阶段。

如上所述，国外智能音箱领导者亚马逊，在其最新Echo Show智能音箱上搭载了一块七英寸的触控屏幕，通过这块屏幕，用户可以用它辅助语音购物、观看视频，查看天气预报、歌词和照片，检查婴儿监控设备，查看安全摄像头捕捉的信息等功能。而即将推出智能音箱产品的苹果，其全球营销副总裁菲尔·席勒也公开宣称："在很多场景下，语音助手作用巨大，但是这并不意味着你不想要一个屏幕，我认为如果（智能音箱）不配置屏幕，恐怕无法满足一些场景的需求。"

从亚马逊和苹果两大科技巨头在智能语音产品上对于屏幕的青睐，让我们能够看到的一大趋势是：屏幕将成为人工智能语音识别产品的标配，产品终将走向可视化道路，使其交互方式从此前的纯语言交互进化为语音化与可视化相融合的新阶段。而其背后的核心原因在于语音虽然是我们最为自然的交互模式，通过语音控制，可以解放我们的双手，但是正如菲尔·席勒所言，语音并不适用于所有场景，它需要配合协作，以此满足用户在各种场景下的需求。可以说语音操控与屏幕的关系就犹如我们人类的眼睛与嘴巴，二者是长期进化之后而形成的最佳拍档，共同构建我们的美好生活体系。

国内科企将人工智能语音识别的载体选择为智能电视，是对交互进化趋势进行了提前洞察。智能语音电视拥有更大的屏幕，使其消费体验得到跨层级的提升。诸如暴风TV的人工智能电视X5 ECHO，就具备了50/55/58/65四种尺寸的4K超高清屏幕，其屏幕尺寸相对于亚马逊Echo Show的七英寸小屏幕而言，领先其7～9倍。而在这样的一块大屏幕上，去体验辅助语音购物、观看视频，查看天气预报、歌词和照片，检查婴儿监控设备，进行视频通话等等功能。从屏幕的视觉信息、效果体验来说，显然要高出亚马逊Echo Show七英寸屏幕几个层级。

语音识别产品特别适用于老年人视频聊天

对话语音识别错误率仅为5.9%

在识别人类声音领域，经过微软工程师训练的神经网络（neural network）的准确率已经达到了人类的最高水平。

微软介绍，其人工智能实验室让NIST 2000自动化系统与人类专业的速记员进行了比赛。在当地时间本周一发布的论文中，结果显示，自动化系统的错误率（Word Error Rate，简称WER）第一次低于人工——仅为5.9%。

让我们来看一看，5.9%的错误率是什么概念？在行业标准Switchboard语音识别任务测试中，由专业速记员组成的人类对照组将对话语音转录成文字，目前，该记录的最低词错率就是5.9%。这就意味着微软的语音识别系统的识别能力已经高于世界上的绝大多数人，甚至能够达到速记员的水准。

据了解，微软团队使用的是一个基于多年技术积累开发的本地化深度学习系统CNTK。CNTK工具包已于一年前在GitHub上进行开源。目前，包括微软人工智能的个人助理小娜（Cortana）和混合现实全息眼镜HoloLen在内的语音识别都是基于CNTK得以实现。

此次语音识别的里程碑式突破将对消费者和商业产品产生深远影响，因为语音识别技术能够显著增强人们的日常计算体验。

微软在官方博客中表示："这一里程碑将给用户和商业产品带来广泛影响，语音识别技术将带来明显的增强。这些产品包括像Xbox的娱乐设备、像微软小娜的生产力工具以及类似Cortana的实现实时语音到文本转录的语音助手。"

微软表示，该团队接下来的努力方向之一就是确保语音识别技术能在喧闹的集体聚会或是背景声音较大的高速公路上，类似这些更复杂的现实生活场景中也能够进行精准地判断。研发人员希望能够将实现这一目标的方法进行完善，甚至帮助计算机在多人说话的场合为每个发言者分配名字，还要确保计算机能不受发言者的年龄、口音和音量大小的影响而准确地识别出各种语音。

科普新知

人工智能

　　一个又一个传统的事物，正在不断被改写、被颠覆、被革新。随着技术和新产品更新迭代的加快，任何企业都危机四伏：谁不改变，等待谁的，也许就是被踢出局。如果说，以前几次技术革命，顶多是人的手、脚等身体器官的延伸和替代，这次人工智能则将成为人类自身的替代，它对人类家庭乃至整个社会的冲击，将是前所未有的。

　　各行各业都面临着人工智能的挑战。可以预见，未来，可能没有一个行业能够离开智能这两个字。是的，一场人工智能的革命已经开始了！人工智能时代，正以前所未有的速度和影响，向我们迎面而来！可以说，在越来越多的领域，人工智能正在快速超越人类。百度、阿里、腾讯、科大讯飞在自动驾驶、城市大脑、医疗影像、智能语音上的发展，现在已经到了一个让人瞠目结舌的地步！

　　另一方面，"智慧养老+人工智能"的到来，不仅代表着产业的重大变革，同时也预示着我们更多的人未来会享受到更便捷的服务。

人工智能是对人思维信息过程的模拟

对于人的思维模拟可以从两条道路进行,一是结构模拟,仿照人脑的结构机制,制造出"类人脑"的机器;二是功能模拟,暂时撇开人脑的内部结构,而从其功能过程进行模拟。现代电子计算机的产生便是对人脑思维功能的模拟,是对人脑思维的信息过程的模拟。

人工智能就是要让机器的行为看起来就像是人所表现出的智能行为一样。但是这个定义似乎忽略了强人工智能(BOTTOM-UP AI)的可能性。另一个定义指人工智能是人造机器所表现出来的智能性。总体来讲,对人工智能的定义大多可划分为四类,即机器"像人一样思考"、"像人一样行动"、"理性地思考"和"理性地行动"。这里"行动"应广义地理解为采取行动,或制定行动的决策,而不是肢体动作。

强人工智能观点认为有可能制造出真正能推理(REASONING)和解决问题(PROBLEM_SOLVING)的智能机器,并且,这样的机器能将被认为是有知觉的,有自我意识的。强人工智能可以有两类:

- 类人的人工智能,即机器的思考和推理就像人的思维一样。
- 非类人的人工智能,即机器产生了和人完全不一样的知觉和意识,使用和人完全不一样的推理方式。

弱人工智能(TOP-DOWN AI)观点认为,不可能制造出能真正地推理(REASONING)和解决问题

（PROBLEM_SOLVING）的智能机器，这些机器只不过看起来像是智能的，但是并不真正拥有智能，也不会有自主意识。

主流科研集中在弱人工智能上，并且一般认为这一研究领域已经取得可观的成就。强人工智能的研究则处于停滞不前的状态下。

弱人工智能如今不断地迅猛发展，尤其是2008年经济危机后，美日欧希望借机器人等实现再工业化，工业机器人以比以往任何时候更快的速度发展，更加带动了弱人工智能和相关领域产业的不断突破，很多必须用人来做的工作如今已经能用机器人实现。

而强人工智能则暂时处于瓶颈，还需要科学家们和人类的努力。

《新一代人工智能发展规划》对AI发展提出要求

2017年7月，徐匡迪等一批院士研究提出"启动中国人工智能重大科技计划的建议"，中央迅速采纳，决定制定新一代人工智能发展规划，实施新一代人工智能重大科技项目。

按照党中央、国务院部署，在刘延东副总理的直接领导下，科技部、发展改革委、工程院会同相关单位在系统梳理、深入研究、广泛征求意见的基础上，研究起草了《新一代人工智能发展规划》。前期，工程院组织了各方面的专家做了大量深度研究，打下了很好的基础。经过中央政治局常委会、国务院常务会议审议通过，7月8日，国务院印发《新一代人工智能发展规划》。

《规划》是我们国家在人工智能领域进行的第一个系统部署的文件，也是面向未来打造我国先发优势的一个指导性文件，重点对2030年我国新人工智能发展的总体思路、战略目标和主要任务、保障措施进行系统的规划和部署。它描绘了未来十几年我国人工智能发展的宏伟蓝图，确立了"三步走"目标：到2020年人工智能总体技术和应用与世界先进水平同步；到2025年人工智能基础理论实现重大突破、技术与应用部分达到世界领先水平；到2030年人工智能理论、技术与应用总体达到世界领先水平，成为世界主要人工智能创新中心。

围绕提高人民生活水平和质量的目标，加快人工智能深度应用，形成无时不有、无处不在的智能化环境，全社会的智能化水平大幅提升。越来越多的简单性、重复性、危险性任务由人工智能完成，个体创造力得到极大发挥，形成更多高质量和高舒适度的就业岗位；精准化智能服务更加丰富多样，人们能够最大限度享受高质量服务和便捷生活；社会治理智能化水平大幅提升，社会运行更加安全高效。

针对我国人工智能发展的迫切需求和薄弱环节，《规划》提出设立新一代人工智能重大科技项目。加强整体统筹，明确任务边界和研发重点，形成以新一代人工智能重大科技项目为核心，现有研发布局为支撑的"1+N"人工智能项目群。

"1"是指新一代人工智能重大科技项目，聚焦基础理论和关键共性技术的前瞻布局，包括研究大数据智能、跨媒

体感知计算、混合增强智能、群体智能、自主协同控制与决策等理论,研究知识计算引擎与知识服务技术、跨媒体分析推理技术、群体智能关键技术、混合增强智能新架构与新技术、自主无人控制技术等,开源共享人工智能基础理论和共性技术。持续开展人工智能发展的预测和研判,加强人工智能对经济社会综合影响及对策研究。

"N"是指国家相关规划计划中部署的人工智能研发项目,重点是加强与新一代人工智能重大科技项目的衔接,协同推进人工智能的理论研究、技术突破和产品研发应用。加强与国家科技重大专项的衔接,在"核高基"(核心电子器件、高端通用芯片、基础软件)、集成电路装备等国家科技重大专项中支持人工智能软硬件发展。加强与其他"科技创新2030重大项目"的相互支撑,加快脑科学与类脑计算、量子信息与量子计算、智能制造与机器人、大数据等研究,为人工智能重大技术突破提供支撑。国家重点研发计划继续推进高性能计算等重点专项实施,加大对人工智能相关技术研发和应用的支持;国家自然科学基金加强对人工智能前沿领域交叉学科研究和自由探索的支持。在深海空间站、健康保障等重大项目,以及智慧城市、智能农机装备等国家重点研发计划重点专项部署中,加强人工智能技术的应用示范。其他各类科技计划支持的人工智能相关基础理论和共性技术研究成果应开放共享。

创新新一代人工智能重大科技项目组织实施模式,坚持集中力量办大事、重点突破的原则,充分发挥市场机制作用,调动部门、地方、企业和社会各方面力量共同推进实施。明确管理责任,定期开展评估,加强动态调整,提高管理效率。

智联网养老样板间已经对外开放

2018年,北京朝阳门街道社区将建立"互联网+医疗+养老服务"的智慧养老信息平台。智慧养老概念充满了现代感和科技感,智能化安防、电子护栏、远程健康监控、医养结合平台等一批热词不断刷屏互联网。这些新的养老理念、科技产品的出现,切实改变着居家老人的日常起居生活,智慧养老悄然间推动了中国式养老格局变化。

近来,阿里也把目光瞄准了养老市场,阿里的智联网养老样板间已经对外开放。阿里的智联网养老样板间有很多亮点,不妨好好感受一下阿里的智能养老设备。

"天猫精灵"

老人无需起身,即可呼唤"天猫精灵"帮忙开关灯、电视、空调等电器,还能开关窗帘、手机充值、叫外卖、音频音乐播放等。

可防止意外的传感器

比如进门处,门窗感应器将知晓门窗开关情况,若意外打开将发出警报,窗帘还能定时开启关闭。

个人定制化室温、智能灯光

墙壁安有环境监测传感,能监测室内温度,进行调温。智能灯光照明,会依据情景或人的差异,以不同的状态呈现灯光亮度。

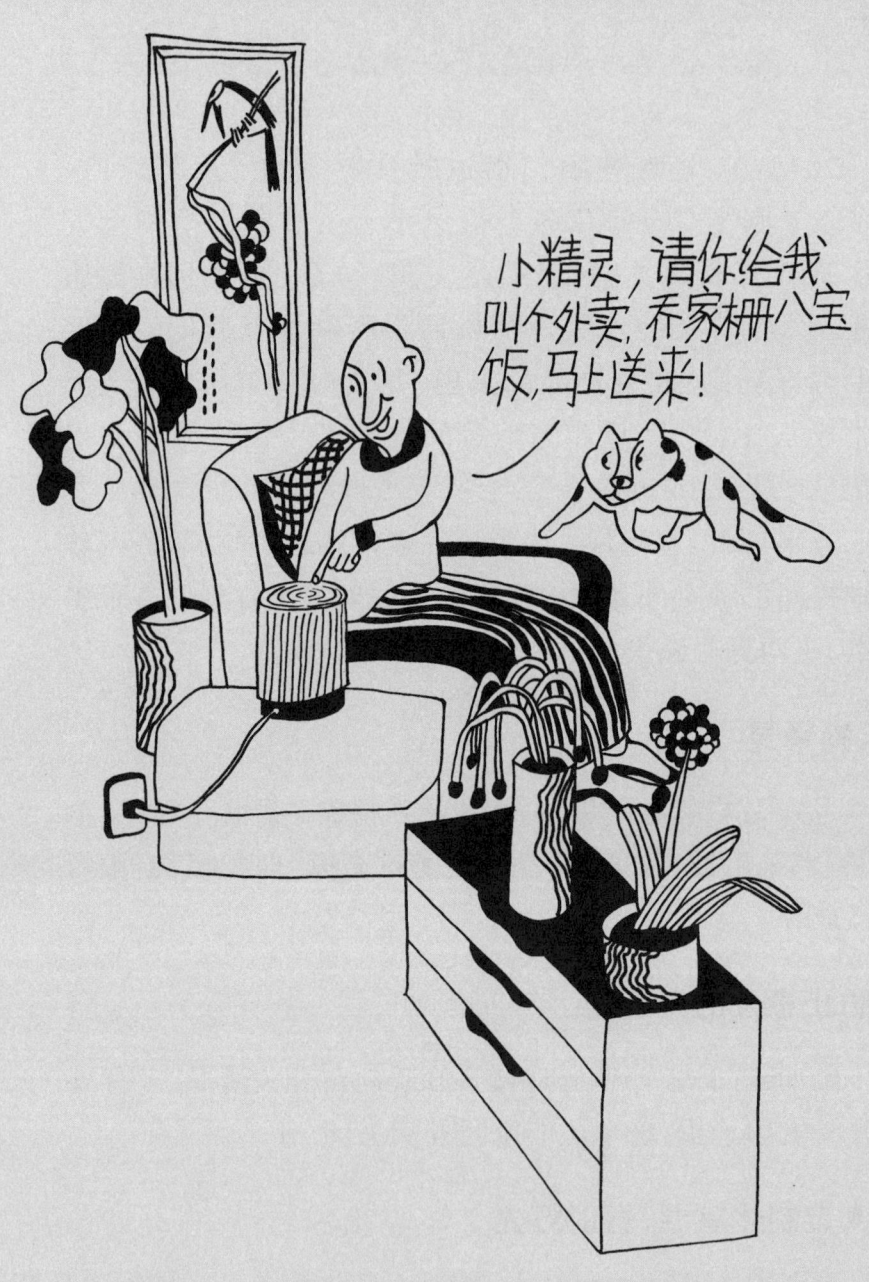

摄像头无障碍沟通

更贴心的是,房间里还有无线高清摄像头,兼具双向语音通话和视频的功能,对子女而言,这或成为了解父母在养老院生活状况的途径。

未来将融入文字的显示形态

据介绍,目前天猫为普乐园提供20个房间的智联网方案,约20平方米左右的单人间,月租3 500元左右,包吃住和护理,比市面同样的养老院,价格要低将近一半。阿里智联网养老样板间的诞生,将很好地解决传统养老的痛点难题。据悉,该样板间将很快在全国推广。阿里打响养老第一枪,或许会掀起保姆下岗潮。

AI的未来潜力不可估量

"新一代人工智能"的"新",就新在人工智能从1.0向2.0的迈进。新一代人工智能有几个特点:一是从人工知识表达到大数据驱动的知识学习技术,大数据与过去相比已经是不同量级了;二是从分类型处理的多媒体数据转向跨媒体的认知、学习、推理;三是从追求智能机器到高水平的人机、脑机相互协同和融合,计算能力和工具变得越来越多;四是从聚焦个体智能到基于互联网和大数据的群体智能,把很多人的智能集聚融合起来变成群体智能;五是从拟人化的机器人转向更加广阔的智能自主系统。

科普新知

应用落地将成为AI2.0发展的关键因素

随着科学研究的进展,受脑科学成果启发的类脑智能蓄势待发,芯片的硬件化平台趋势也非常明显,这些重大变化使得人工智能进入与前60年完全不同的一个阶段。

这也是人工智能被冠以"新一代"的一个判断。但是,真正使人工智能区别于前60年发展的,关键还在于应用的真正落地,或者说技术层面的人工智能要走出实验室落地到实际应用场景中,在场景中持续接受淬炼、打磨,才能充分体现它的价值。

有关专家指出,发展人工智能在研发、应用方面"两手都要硬"。一方面加大对人工智能前沿基础理论、关键共性技术的研发投入,另一方面加快推动人工智能技术在各个行业领域的应用。前者好比培育新种子,后者好比把种子埋到土壤当中。谁做好了应用的落地,谁就把握了AI的未来。

大数据智能将爆发巨大能量

以前,信用卡交易、电表记录、电商购医疗健康记录、地铁检票……这些我们每天生活中接触的东西都在产生着大量的数据。但这些数据产生了我们并不知道怎么去应用,因此只能作为冗长数据库中的一部分而存在。

但借助大数据智能,尤其是结合人工智能技术的可视化和可视分析的使用,将使这些数据将会爆发出惊人的力量。如通过对车辆产生的行驶与轨迹数据加以可视分析,交通管制中心即可获得更真实、及时的交通信息,并以此为基础做出交通调节方案。

全球领先的信息技术研究和顾问公司Gartner认为，AI会变得更为成熟与普遍应用，汽车、机器人、喇叭、电视等所有家中所及的科技产品，都能够通过人工智能来直接与用户互动。

该分析机构进一步指出，工业、安防技术成熟，数据容易获得，应用已初步验证；教育、医疗技术相对成熟，数据获取有渠道壁垒，应用落地需要较长测试期及整合；金融、无人驾驶技术相关性较弱，数据难获得，应用需要长期测试及行政允许。

不过总体来说，算法、数据、计算力和应用已经或正在为AI落地准备充足的弹药，语音识别、手势控制、语音翻译、图像识别以及大数据可视化和可视分析等等人工智能技术，在社会生产、生活中也有了广阔用武之地。

大数据可视分析+AI——潜在的价值洼地

作为大数据分析领域的专家，陈为教授关注的是大数据智能和人机交互领域的可视化和可视分析应用的落地。

他表示，大数据可视化和可视分析是一种人机融合或者说是人机混合智能关键技术。"从数据到知识需要人的介入，很多场合下让机器去完成所有的任务是不可能的，尤其是在一些很重要、严肃的场合，有效结合人的智慧是很重要的一个发展方向，可视化和可视分析列在首位。"他说。

可视化和可视分析是一个从最初的数据获取到最后的知识呈现的整个过程，与其他人工智能分支实现结合将发挥巨大的推动作用。"比如现在很热的深度学习，可视化和可视分析将在深度学习的展示、解释、调解、验证等方面发挥作用。"

诚如其言。可视化和可视分析与人工智能技术就如一枚硬币的正反两面，缺一不可。比如现在广为大家熟悉的智能家居，智能家居设备每天会产生大量的后台日志信息，而企业重用这些信息始终绕不开的就是数据的可视化和可视分析。

人工智能领域，其实也有"旗帜指向哪里，厂商就跟向哪里"的定律，最耀眼的"鲶鱼"也肯定出现在食饵最丰富的水域。目前，中国重视大数据可视化和可视分析企业越来越多。

阿里巴巴、华为等重量级企业正在从事相关等研究、开发和应用落地。陈为所授聘担任首席数据科学家的企业——海云数据也以专业的大数据可视分析技术，在成立短短4年的时间内成为行业新秀，影响力越来越大。

海云数据创始人、CEO冯一村对大数据可视化和可视分析一直十分看好。他确信，AI产业化的春天一定会首先在大数据可视化和可视分析这样能够理解用户诉求的细分领域得到爆发。

参考文献

[1] 麻省理工科技评论.科技之巅[M].人民邮电出版社,2016年9月.

[2] 麻省理工科技评论.科技之巅2[M].人民邮电出版社,2017年9月.

[3] 曹冲,荆帅.北斗导航——定位精准时空[M].上海科学普及出版社,2018年1月.

[4] 上海市科学技术委员会.我身边的上海科技[M].上海科学普及出版社,2015年.

[5] 周志华.机器学习[M].清华大学出版社,2016年1月.

[6] 王保云.物联网技术研究综述[J].电子测量与仪器学报,2009,23(12):1-7.

[7] 孙其博,刘杰,黎羴,等.物联网：概念、架构与关键技术研究综述[J].北京邮电大学学报,2010,33(3):1-9.

[8] 邬贺铨.物联网的应用与挑战综述[J].重庆邮电大学学报(自然科学版),2010,22(5):526-531.

［9］刘爱军.物联网技术现状及应用前景展望［J］.物联网技术,2012,02（1）：69-73.

［10］钱志鸿,王义君.物联网技术与应用研究［J］.电子学报,2012,40（5）：1023-1029.

［11］李德仁,邵振峰,杨小敏.从数字城市到智慧城市的理论与实践［J］.地理空间信息,2011,9（6）：1-5.

［12］巫细波,杨再高.智慧城市理念与未来城市发展［J］.城市管理,2010,17（11）：56-60.

［13］曹阳,甄峰.基于智慧城市的可持续城市空间发展模型总体架构［J］.地理科学进展,2015,34（4）：430-437.

后记

纵观人类文明历程,科技是推动时代不断发展进步的原动力,是决定大国竞争中实力消长的杠杆,是发挥人类智慧改造自然的成功体现。历史的经验告诉我们,掌握核心科技的民族才能掌握自己的命脉,而核心科技的获取不是一项探囊取物、唾手可得的任务,而是需要在一片尊重科学、崇尚技术创新的肥沃土壤上不断耕耘后才可能得到的收获。正是认识到这一原则,我国将普及科技知识、弘扬全民创新精神提高到全新的高度,号召在各个领域践行"大众创业,万众创新"的指导思想,在全社会各行各业营造出向先进科技看齐,为科技进步做贡献的良好氛围。

国家统计局最新报告显示,我国目前60岁及以上的老年人口有22 182万人,占人口总数的16.15%,其中65岁及以上的老年人口有14 374万人,占人口总数的10.47%。预计到2050年,我国老龄人口的数量将达到峰值,也就是4.87亿人,占全国总人口的35%,这一数据意味着每三个中国人中,就有一个是老年人。如此庞大的老年人口带来许多新的挑战,客观上要求我们的科技发展要更多地兼顾和解决老龄化所带来的一系列社会问题。

  为普及前沿科技进展的相关知识，尤其是与老年生活息息相关的先进科技应用，本书着重介绍了18项当前前沿科技领域的成果，帮助读者从中管窥第五次科技革命以来高度信息化世界的浩瀚与斑斓，同时洞悉先进科技为老年生活所带来的福利。全书分为3篇，每一篇分为6节，共计18节。所选的18项科技按属性分为3个类别：医疗健康类、日常辅助类和体验升级类。第一篇"解锁密码"包含6项医疗健康类科技，主要讲解高新科技如何从根源上克服以往认为是绝症的若干疾病，例如基因重组、组织器官的再生与替换等；第二篇"改善生活"包含6项日常辅助类科技，主要面向科技养老，解决无人陪护下的老年人独立完成衣食住行的方方面面问题；第三篇"升级未来"包含6项服务娱乐类科技，侧重于在保障基本生活便利之外，新兴科技又是怎样丰富老年人的精神世界的。

  人类认识世界的过程本身就是曲折的、不断修正错误的过程，尤其是对于自然科学研究，并不是所有问题都有确切结论，甚至有的目前认为正确的结论会在将来被颠覆或推翻。囿于作者个人学识与见解的局限性，书中对若干问题的解释和描述难免存在失当之处，欢迎读者批评指正，并在此过程中共同进步。

编 者
2019年5月

图书在版编目(CIP)数据

科普新知 / 荆帅编著. —3版. —上海：上海科学普及出版社,2019
(老年健康生活丛书 / 陈积芳主编)
ISBN 978-7-5427-7484-2

Ⅰ.①科… Ⅱ.①荆… Ⅲ.①科学知识-中老年读物 Ⅳ.①Z228.3

中国版本图书馆CIP数据核字(2019)第080515号

策划统筹　蒋惠雍
责任编辑　林晓峰
装帧设计　赵　斌
绘　　画　顾丽萍

科普新知

荆　帅　编著

上海科学普及出版社出版发行
(上海中山北路832号　邮政编码200070)
http://www.pspsh.com

各地新华书店经销　上海盛通时代印刷有限公司印刷
开本　710×1000　1/16　印张13.625　字数200 000
2019年6月第1版　2019年6月第1次印刷

ISBN 978-7-5427-7484-2
定价：39.00元

本书如有缺页、错装或坏损等严重质量问题
请向工厂联系调换
联系电话：021-37910000